Guttentagsche Sammlung
Nr. 205a Deutscher Reichsgesetze Nr. 205a
Kommentare und erläuterte Textausgaben

Umstellungsverordnung

(Verordnung über Reichsmarkeröffnungsbilanzen und Umstellungsmaßnahmen im Lande Österreich)

und

Zweite Verordnung zur Einführung handelsrechtlicher Vorschriften im Lande Österreich

Erläutert von

Reinhard Frhr. von Godin
Rechtsanwalt und Notar
in Berlin

und

Dr. Hans Wilhelmi
Rechtsanwalt und Notar
in Frankfurt a. M.

Zugleich

Nachtrag zu v. Godin-Wilhelmi, Aktiengesetz
(Guttentagsche Sammlung Deutscher Reichsgesetze Nr. 205)

Berlin 1939

Walter de Gruyter & Co.

vormals G. J. Göschen'sche Verlagshandlung — J. Guttentag, Verlagsbuchhandlung — Georg Reimer — Karl J. Trübner — Veit & Comp.

Archiv-Nr. 21 9 205 a

Inhalt.

Verordnung

über

Reichsmarkeröffnungsbilanzen und Umstellungsmaßnahmen im Lande Österreich

(Umstellungsverordnung).

Vom 2. August 1938 (RGBl. I S. 982).

(Nachtrag zu Guttentagsche Sammlung Deutscher Reichsgesetze Nr. 205.)

Abschnitt I.

Eröffnungsbilanzen.

§ 1.

(1) Kaufleute, die zur Führung von Handelsbüchern verpflichtet sind,[1] sowie Erwerbs- und Wirtschaftsgenossenschaften haben[5] Inventare[2] und Bilanzen,[3] die für Stichtage[4] nach der Verkündung[5] dieser Verordnung aufgestellt werden, in Reichsmark[5] aufzustellen.[7]

(2) Inventare und Bilanzen für Stichtage zwischen dem 31. März 1938 und dem Tage der Verkündung[5] dieser Verordnung sollen[5] in Reichsmark aufgestellt werden.

(3) Bis zur Umstellung (Abschnitt II) haben Kapitalgesellschaften ihr Grundkapital oder Stammkapital mit einem Reichsmarkbetrag anzusetzen, der zwei Drittel seines Nennbetrags in Schillingen beträgt. Der Nennbetrag in Schillingen ist zu vermerken.[6]

Nach Artikel II des Gesetzes über die Wiedervereinigung Österreichs mit dem Deutschen Reich bleibt das in Österreich zur Zeit der Wiedervereinigung geltende Recht bis auf weiteres in Kraft. Das Reichsrecht wird in Österreich durch den Führer und Reichskanzler oder den von ihm hierzu ermächtigten Minister eingeführt. § 1 schreibt den Übergang zur Inventarisierung und Bilanzierung in Reichsmark für die Jahresbilanzen vor.

1. Welche Kaufleute verpflichtet sind, Handelsbücher zu führen, ergibt sich aus Art. 4, 5, 10, 28 AHGB. Nach Art. 5 gehören hierzu die Aktiengesellschaften, bei welchen der Gegenstand des Unternehmens in Handelsgeschäften besteht (Art. 271, 272 AHGB.), und zwar muß auch von Aktiengesellschaften im Zustand der Abwicklung angenommen werden, daß § 1 auch für sie gilt, obwohl § 37 bestimmt, daß die VO. auf solche nicht anzuwenden ist.

2. Unter Inventar ist nach Art. 29 AHGB. (= § 39 HGB.) ein genaues und vollständiges Verzeichnis aller einzelnen dem Gewerbebetrieb eines Kaufmanns gewidmeten Vermögensstücke, insbesondere Grundstücke, Forderungen, Bargeld, nach Gattung und Menge und aller in diesem entstandenen einzelnen Schulden unter Angabe des Wertes der einzelnen Bestandteile zu verstehen.

3. Unter Bilanz versteht Art. 29 AHGB. in Übereinstimmung mit § 39 HGB. einen Buchführungsabschluß, bei welchem im Gegensatz zum Inventar kontenmäßig und summarisch die einzelnen Bestände des Aktivvermögens einerseits und die Verbindlichkeiten andererseits gegenübergestellt werden, woraus sich übersichtlich das Verhältnis des Vermögens zu den Schulden ergibt. Die Auffassung des Deutschen Reichsgerichts (LZ. 1914 S. 1898 und RGSt. Bd. 41 S. 41), wonach es mit Rücksicht auf § 38 I HGB. (= Art. 28 AHGB.), um die Vermögenslage des Kaufmanns ersichtlich zu machen, erforderlich sei, auch sein nicht dem Gewerbebetrieb gewidmetes Vermögen in der Inventur und Bilanz ohne Einzelheiten summarisch mit Wertangabe anzuführen, spielt für Aktiengesellschaften keine Rolle und ist im übrigen mit der herrschenden Meinung abzulehnen.

4. Inventur und Bilanz sind alljährlich für denselben Kalendertag als Stichtag aufzustellen. AHGB. enthält zwar keine Bestimmung, entsprechend § 39 HGB., wonach Inventur und Bilanz für den Schluß eines Geschäftsjahres aufzustellen sind und dieses zwölf Monate nicht überschreiten darf, indessen ergibt sich dies für die Aktiengesellschaften mittelbar aus Art. 217 Abs. 1 AHGB. Im übrigen entspricht es kaufmännischem Gewohnheitsrecht, daß regelmäßig der zeitliche Zwischenraum von einer Inventur und Bilanz zur nächsten genau ein Jahr betragen muß. Daraus ergibt sich ein bestimmter gleichbleibender kalendermäßiger Stichtag.

5. Inventarisierung und Bilanzierung in Reichs- (nicht Gold-) markwährung wird für alle Inventuren und Bilanzen vorgeschrieben, welche für einen Stichtag nach dem Tag der Verkündung der Verordnung aufgestellt werden. Der Tag der Verkündung ist der 4. August 1938, weil das Reichsgesetzblatt, welches die Verordnung abdruckt (S. 982), an diesem Tage erschienen ist. Liegt ein Bilanzstichtag vor dem 4. August 1938, so soll in Reichswährung inventarisiert und bilanziert werden, wenn er nach dem 31. März 1938 liegt. Die Verordnung ergibt nicht, ob für eine auf den 4. August 1938 selbst aufgestellte Inventur und Bilanz zwingend vorgeschrieben

ist, daß sie in Reichsmarkwährung aufgestellt werden soll. Das ist kein Unglück, denn der Tag wird als Stichtag praktisch wohl kaum vorkommen.

Inventar und Bilanz für einen nach dem 4. August 1938 liegenden Stichtag würde nichtig und rechtlich bedeutungslos sein, also auch keine Grundlage für eine Gewinnausschüttung bilden, wenn sie noch in Schillingwährung aufgestellt würde. Dagegen ist trotz der Sollvorschrift, welche für einen Stichtag zwischen dem 31. März und dem 4. August 1938 gegeben ist, eine für einen solchen in Schillingwährung aufgestellte Inventur und Bilanz voll gültig und nicht einmal anfechtbar. Die für einen früheren Stichtag aufgestellte Inventur und Bilanz dagegen muß in Schillingwährung aufgestellt sein und wäre nichtig, wenn sie in Reichsmark aufgestellt würde.

Durch VO. vom 17. März 1938 (RGBl. I S. 253) ist die Reichsmarkwährung im Lande Österreich neben der Schillingwährung eingeführt worden. Letztere bestand also weiter. Praktisch gibt es infolge der Durchführungsverordnung hierzu vom 23. April 1938 (RGBl. I S. 405) seit dem 25. April 1938 keine auf Schilling lautenden gesetzlichen Zahlungsmittel mehr, denn nach dieser DVO. ist das Notenprivileg der Österreichischen Nationalbank erloschen und haben ihre Noten ab 25. April 1938 aufgehört, gesetzliche Zahlungsmittel zu sein. Von diesem Tage ab konnte also der österreichische Kaufmann nur mehr gegen Reichsmark verkaufen; denn von Scheidemünzen abgesehen, konnte er für seine Ware nur mehr Reichsmark erhalten. Er mußte also von da ab sein Warenkonto, sein Kontokorrent in Reichsmark führen. Er konnte von da ab, wenn er inventarisierte, nur mehr in Reichsmark inventarisieren, denn er konnte nur mehr in Reichsmark bewerten, weil er nur mehr Reichsmark für seine Waren erlösen konnte. Es hat also keinen Sinn, nach dem 25. April 1938 noch eine Inventur in Schilling aufzustellen; dasselbe gilt von einer Bilanz.

6. Eine Reichsmarkbilanz läßt sich nicht aufstellen, ohne daß auch die Passivseite in Reichsmark beziffert wird. Zu ihr gehört bei Kapitalgesellschaften das Grundkapital. Dies ergibt sich, auch solange das deutsche Recht für die Kapitalgesellschaft noch nicht gilt (also bis zur Anpassung der Satzung an die Bestimmungen des Aktiengesetzes), besonders aus § 49 Abs. 5 AktReg.

Die Umstellung nach Abschnitt II bedeutet, daß für die Kapitalgesellschaften in rechnerischer Hinsicht überhaupt ein neues Leben beginnt und das Grundkapital neu bemessen wird. Bis dahin aber bleibt es bei dem bisherigen Grundkapital. Es ändert sich nichts an seiner Höhe noch an seiner Stücklung. Satzungsmäßig bleibt es bis zur Umstellung bei seinem bisherigen in Schilling ausgedrückten Nennbetrag. Dasselbe gilt für den Nennbetrag der Aktien. Lediglich für die Zwecke der Bilanzierung, also lediglich in der Bilanz, ist die Schilling-Grundkapitalsziffer in Reichsmark umzurechnen, und zwar entsprechend dem durch die VO. vom 17. März 1938 eingeführten Verhältnis der Reichsmark zum Schilling im Verhältnis von 2 zu 3. Der Nennbetrag in Schilling ist in der Bilanz zu vermerken.

7. Die erste nach der vorstehenden Vorschrift aufgestellte Bilanz kann die Schlußbilanz im Sinne des § 4 Satz 1 sein; dann ist gleichzeitig gemäß § 2 die Eröffnungsbilanz aufzustellen und auf Grund ihrer die Umstellung nach Abschnitt II vorzunehmen. Es braucht dem aber nicht so zu sein. Es kann die Eröffnungsbilanz und Umstellung um ein volles Jahr verschoben werden (§ 2). Dann wird erst die Bilanz zum nächsten Stichtag die Schlußbilanz nach § 4 sein, wenn nicht etwa die Eröffnungsbilanz und Umstellung zwischendurch beschlossen wird. In diesem Falle ist zwischendurch auch eine Schlußbilanz in Reichsmark aufzustellen (§ 4). In jedem dieser Fälle folgt die erste Reichsmarkbilanz noch den bisher in Österreich geltenden Grundsätzen, denn die Vorschriften des Aktiengesetzes über die Rechnungslegung (§§ 125—144) gelten nicht für Abschlüsse, welche einen früheren Stichtag als die Eröffnungsbilanz haben. Dies gilt nicht nur hinsichtlich der Bilanzgliederung und der Wertansätze, sondern auch hinsichtlich der Beschlußfassung über die Feststellung der Bilanz und ihre Veröffentlichung (§ 12 2. EinfVO. vom 2. Aug. 1938). Über Ausnahmen in einzelnen Beziehungen vgl. die Erläuterungen daselbst.

§ 2.

(1) Spätestens[2]) für den 1. Januar 1940 und frühestens[2]) für den 1. April 1938[1]) sind ein Eröffnungsinventar[1])[3]) und eine Eröffnungsbilanz[1])[3]) im Sinne der Artikel 29 ff. des Allgemeinen Handelsgesetzbuchs in Reichsmark aufzustellen.

(2) Wird die Eröffnungsbilanz für einen anderen[4]) Zeitpunkt als für den Beginn eines neuen Geschäftsjahrs aufgestellt, so kann[5]) das Geschäftsjahr, auch mit rückwirkender Kraft, so verlegt[5]) werden, daß es mit dem Kalendertag beginnt, der dem Stichtag der Eröffnungsbilanz entspricht; der bis zu jenem Zeitpunkt abgelaufene Teil des Geschäftsjahrs kann in diesem Falle dem vorhergehenden Geschäftsjahr hinzugerechnet werden.[6])[8])

(3) Wird die Eröffnungsbilanz für einen anderen Zeitpunkt als für den Beginn eines neuen Geschäftsjahrs aufgestellt, ohne daß zugleich das Geschäftsjahr verlegt wird, so kann der bis zu jenem Zeitpunkt abgelaufene Teil des laufenden Geschäftsjahrs dem vorhergehenden und der noch nicht abgelaufene Teil dem neuen Geschäftsjahr hinzugerechnet werden.[7])[8])

(4) Für die Aufstellung, Prüfung, Feststellung und Veröffentlichung der Eröffnungsbilanz gelten die für die Jahresbilanzen maßgebenden Vorschriften, soweit diese Verordnung nichts anderes bestimmt.[9]) Für Aktiengesellschaften und Kommanditgesellschaften auf Aktien gelten das Aktiengesetz vom

30. Januar 1937 (Reichsgesetzbl. I S. 107)[10][14] und die Erste Durchführungsverordnung zum Aktiengesetz vom 29. September 1937 (Reichsgesetzbl. I S. 1026) auch dann sinngemäß,[11] wenn die Gesellschaft nicht schon vor der Umstellung ihre Satzung dem Aktiengesetz angepaßt hat; die Eröffnungsbilanz wird von der Hauptversammlung festgestellt.[12] Die im § 125 Abs. 5 des Aktiengesetzes, im § 22 Abs. 2 des österreichischen Gesetzes über Gesellschaften mit beschränkter Haftung und im § 22 Abs. 3 des österreichischen Gesetzes über Erwerbs- und Wirtschaftsgenossenschaften bestimmten Fristen betragen, auch wenn die Satzung (der Gesellschaftsvertrag, der Genossenschaftsvertrag) etwas anderes bestimmt, neun Monate und beginnen frühestens mit dem Inkrafttreten dieser Verordnung.[13]

1. § 2 schreibt ein **Eröffnungsinventar** und eine **Eröffnungsbilanz** vor, für welche als **Stichtag** frühestens der 1. April 1938 und spätestens der 1. Januar 1940 in Betracht kommt. Nach § 4 ist für den ihrem Stichtag vorhergehenden Tag eine Schlußbilanz nach den für Jahresbilanzen bisher geltenden Vorschriften (vgl. § 12 2. EinfVO.) aufzustellen. Es kann also im Anschluß an die Jahresschlußbilanz für jedes zwischen dem 1. April 1938 und dem 31. Dezember 1939 endende Geschäftsjahr, aber auch für einen in ein Geschäftsjahr fallenden Tag, die Eröffnungsbilanz aufgestellt werden. Sie folgt eigenen neuen Grundsätzen. Bei Kapitalgesellschaften ist die Eröffnungsbilanz auch der Umstellung nach Abschnitt II zugrunde zu legen (§ 5), mit der rechnerisch ein neues Leben der Kapitalgesellschaft beginnt.

2. Da sich natürlich die Umstellung nur auf der Grundlage der Reichswährung vollziehen kann und die Eröffnungsbilanz die Grundlage dafür bildet, scheidet ein Stichtag vor dem 1. April 1938 aus; denn nach § 1 sind für Stichtage bis zum 1. April 1938 Inventar und Bilanz in Schilling aufzustellen, weil ja erst am 17. März die Reichsmark- neben die Schillingwährung getreten ist, bis dahin also die Bücher alle in Schilling geführt sind.

Würde eine Eröffnungsbilanz für einen früheren Zeitpunkt als den 1. April 1938 oder einen späteren als den 1. Januar 1940 aufgestellt werden, so wäre sie als solche, desgleichen ersterenfalls die sich darauf aufbauende Umstellung (§ 5), nichtig; im zweiten Falle wäre die Gesellschaft aufgelöst (§ 36). Über die Folgen der Nichtigkeit siehe § 19 und § 36.

Wird kein Inventar errichtet oder ist es mangelhaft, so ist dagegen die Umstellung nur anfechtbar (RGZ. 120 S. 32), und zwar auch dies nur, wenn sie so, wie sie beschlossen wurde, darauf beruht.

3. Über den Begriff des Inventars und der Eröffnungsbilanz im Sinne der §§ 29 ff. AHGB. siehe Anm. 2 und 3 zu § 1. § 31 AHGB. ist nicht anwendbar, weil über die Bewertung § 3 eigene Vorschriften aufstellt.

4. Wo es angängig ist, wird aus Zweckmäßigkeitsgründen die Eröffnungsbilanz im Anschluß an ein zwischen dem 1. April 1938 und 31. Dezember 1940 zu Ende gehendes Geschäftsjahr aufgestellt werden. Es braucht dem aber nicht zu sein. Für die Eröffnungsbilanz kann vielmehr auch ein **Stichtag** gewählt werden, **der nicht mit dem Beginn eines neuen Geschäftsjahres zusammenfällt.** Dann ist für den vorhergehenden Tag eine besondere Schlußbilanz nach § 4 aufzustellen. Es kann also ein Kaufmann, dessen Geschäftsjahr vom 1. Juli bis zum 30. Juni läuft, die Eröffnungsbilanz zum 31. Dezember 1938 aufstellen.

5. In einem solchen Falle läßt die Verordnung der Gesellschaft folgende Wahl.

a) Sie kann gleichzeitig ihr Geschäftsjahr für immer verlegen, so daß es fortan von dem Kalendertag an läuft, den sie der Eröffnungsbilanz als Stichtag zugrunde gelegt hat. Diese Verlegung kann auch mit rückwirkender Kraft beschlossen werden. Anderenfalls würde für Kapitalgesellschaften diese Verlegung des Geschäftsjahres nicht gut praktisch werden können; denn da die Bilanz immer erst geraume Zeit nach ihrem Stichtag festgestellt werden kann, würde ein damit verbundener Beschluß, der das Geschäftsjahr verlegt, nur Verwirrung hervorrufen, wenn er erst vom nächsten Stichtag an gelten würde.

Bei Aktiengesellschaften ist zur Verlegung des Geschäftsjahres ein satzungsändernder Beschluß der Hauptversammlung erforderlich. Dieser muß, um wirksam zu werden, in das Handelsregister eingetragen werden. Dies gilt sowohl nach den bisherigen Bestimmungen (Art. 198, 214 AHGB.) als auch nach § 148 (3) AG. Erstere sind anzuwenden, wenn die Gesellschaft erst im Zeitpunkt der Umstellung beschließen sollte, ihre Satzung den Bestimmungen des Aktiengesetzes anzupassen, oder dieser Beschluß noch nicht ins Handelsregister eingetragen ist (§ 7 Abs. 4 2. EinfVO.). Trotzdem ist staatliche Genehmigung zu dieser Satzungsänderung nicht erforderlich; denn es ist anzunehmen, daß diese als durch die gegenwärtige Bestimmung allgemein erteilt anzusehen ist.

6. Wird von der Befugnis Gebrauch gemacht, das Geschäftsjahr so zu verlegen, daß es künftig von dem Tag an läuft, welcher der Eröffnungsbilanz zugrunde gelegt wurde, so kann der an diesem Zeitpunkt abgelaufene Teil des laufenden Geschäftsjahres dem vorhergehenden Geschäftsjahr zugerechnet werden. Die Schlußbilanz, die gemäß § 4 für den Vorabend des Stichtages der Eröffnungsbilanz aufzustellen ist, ist dann die Bilanz für dieses verlängerte Geschäftsjahr. War jedoch für das vorangegangene Geschäftsjahr zu seinem bisherigen ordnungsmäßigen Schlußtag die Bilanz schon aufgestellt und beschlossen (z. B. bisheriges

Ende des Geschäftsjahrs war der 31. März; im November 1938 entschließt sich die Verwaltung, zum Stichtag der Eröffnungsbilanz den 1. Januar 1939 zu wählen — hier wird die Bilanz zum 31. März 1938 längst beschlossen sein), so ist seine nachträgliche Verlängerung um die Zwischenzeit bis zum Stichtag der Eröffnungsbilanz natürlich nicht mehr möglich. In diesem Falle ist handelsrechtlich für das dazwischenliegende Teilgeschäftsjahr Inventar und Schlußbilanz nach § 4 besonders aufzustellen.

7. b) Wird ein in den Lauf eines Geschäftsjahres fallender Stichtag für die Eröffnungsbilanz gewählt, so kann ohne satzungsmäßige Verlegung des Geschäftsjahres der abgelaufene Teil des laufenden Geschäftsjahres dem vorhergehenden und der noch nicht vollendete dem nächsten Geschäftsjahr zugerechnet werden. Es fällt dann ein Geschäftsjahr aus, an die Stelle von drei Geschäftsjahren treten zwei verlängerte.

Indessen ist auch hier die Verlängerung des vorhergehenden Geschäftsjahres nur möglich, wenn im Zeitpunkt der Beschlußfassung über die Eröffnungsbilanz nicht längst über die Bilanz des vorhergehenden Geschäftsjahres zu seinem normalen Endtag Beschluß gefaßt war. Ist dies geschehen, so kann nur ein Rumpfgeschäftsjahr dazwischengeschaltet werden. Es schließt dies aber nicht aus, daß trotzdem der am Stichtag der Eröffnungsbilanz noch nicht vollendete Teil des laufenden Geschäftsjahres dem nächsten zugerechnet wird. Man hat es dann mit einem abgekürzten Rumpfgeschäftsjahr und einem verlängerten Geschäftsjahr an Stelle zweier normaler Geschäftsjahre zu tun.

8. Kommen nach Anm. 6 oder 7 verlängerte oder verkürzte Geschäftsjahre zustande, so hat dies auch für die steuerliche Behandlung Geltung. Wird der am Stichtag der Eröffnungsbilanz — wenn dieser in den Lauf eines Geschäftsjahres fällt — abgelaufene Teil des Geschäftsjahres zum vorangegangenen Geschäftsjahr gezogen, so ist für den zusammengezogenen Zeitraum nur ein Steuerbekenntnis abzugeben, dem die Erfolgsrechnung für den gesamten zusammengezogenen Zeitraum zugrunde zu legen ist. Dies gilt auch dann, wenn die Bilanz und Gewinn- und Verlustrechnung für das vorangegangene Geschäftsjahr schon beschlossen und ein auf dieses bezügliche Steuerbekenntnis schon abgegeben ist; in diesem Falle muß steuerlich für das Rumpfgeschäftsjahr ein besonderer Abschluß aufgemacht und ein neues Steuerbekenntnis abgegeben werden, in welchem aber die Zusammenrechnung der Ergebnisse des vorangegangenen Geschäftsjahres und des Teilgeschäftsjahres darzustellen ist.

Wird der am Stichtag der Eröffnungsbilanz noch nicht abgelaufene Teil eines Geschäftsjahres (ohne satzungsmäßige Verlegung des Geschäftsjahres) zum folgenden gezogen, so wird gleichfalls für dieses verlängerte Geschäftsjahr ein einheitliches Steuerbekenntnis auf Grund Zusammenrechnung der Ergebnisse in einem einheitlichen Abschluß abgegeben.

In beiden Fällen ist die Veranlagung auf Grund der Steuerbekenntnisse für die verlängerten Geschäftsjahre bis zur nächsten Veranlagung auch für die Vorauszahlung maßgebend.

9. Auch für die **Aufstellung, Prüfung, Feststellung und Bekanntmachung der Eröffnungsbilanz** gelten die bisherigen Vorschriften über die Jahresbilanz, soweit nicht in dieser Verordnung etwas anderes bestimmt ist. Letzteres ist jedoch einschneidend geschehen.

a) So sieht § 3 eine völlige Neubewertung des Vermögens des Kaufmanns vor, welche auch für Kapitalgesellschaften vorzunehmen ist. Kein Kaufmann und keine Kapitalgesellschaft ist bei dieser Bewertung an die Anschaffungs- und Herstellungskosten gebunden; sie stehen weder einer Höherbewertung im Wege, wenn der Zeitwert darüber liegt, noch gestatten sie eine solche, wenn er darunter liegt. Der Wert am Stichtag ist maßgebend.

10. b) Außerdem sind für Aktiengesellschaften und Kommanditgesellschaften auf Aktien die Bestimmungen des Aktiengesetzes und der Ersten Durchführungsverordnung zu diesem für anwendbar erklärt. Diese sind anwendbar auch dann, wenn im übrigen die Bestimmungen des Aktiengesetzes für eine Gesellschaft noch nicht anwendbar sind, weil sie ihre Satzung diesem noch nicht angepaßt hat (§ 7 2. EinfVO. vom 2. Juni 1938).

Von den Vorschriften des Aktiengesetzes sind anzuwenden § 131 über die Gliederung der Bilanzen, ferner §§ 135 ff. über die Prüfung der Bilanz durch Abschlußprüfer. Ohne Prüfung durch einen sachverständigen Prüfer kann die Eröffnungsbilanz nicht aufgestellt werden; eine trotzdem aufgestellte Bilanz ist nichtig. Anwendbar sind ferner § 125 Abs. 6 über die Auslegung, § 143 über die Einreichung, § 144 über die Bekanntmachung, § 144 Abs. 2 über die äußere Form der Bilanz. Was dagegen die Wertansätze betrifft so ist § 133 AktG. für die Eröffnungsbilanz im Hinblick auf § 3 dieser Verordnung zum Teil unanwendbar (vgl. hierzu die Erläuterung zu § 3).

11. Die Vorschriften des AktG. für die Eröffnungsbilanz gelten indessen nur sinngemäß, weil diese keine Ertragsbilanz wie der Jahresabschluß nach AktG., sondern eine Vermögensbilanz ist, beruhend auf einer Neubewertung des Vermögens, für welche die bisherigen und die nach AktG. geltenden Höchstbewertungsvorschriften nicht gelten, vielmehr durch andere ersetzt sind, auf Grund deren sie nach einem anderen Wertmaßstab, dem Teilwert, vorzunehmen ist; insbesondere hat dies für die **Prüfung durch den Abschlußprüfer** Bedeutung. Dieser hat sich mit der Ordnungsmäßigkeit der Buchführung, Richtigkeit der Mengenangabe des Inventars und der Übereinstimmung der Bilanz, insbesondere der den Bilanzangaben zugrunde liegenden Mengen mit den Büchern, ferner mit der Beachtung der für die äußere Form der Bilanz gegebenen Vorschriften zu befassen (§§ 129 Abs. 1, 131, 144 Abs. 2).

Was die Rücklagen, insbesondere die gesetzliche Rücklage betrifft, so besteht bei der Umstellung kein Zwang zu einer solchen. Die Prüfung ist also nur darauf zu richten, ob § 5 Abs. 3 Satz 1 und 2 und § 3 Abs. 2 Schlußsatz beachtet ist. Es wird dem Abschlußprüfer auch das Recht und die Pflicht zugesprochen werden müssen, sich darüber zu äußern, ob die gebildeten freien Rücklagen sich im Rahmen einer angemessenen Fortführung der bisherigen halten, denn dieser Punkt ist für die Gläubiger wichtig (siehe Anm. 3 zu § 5). Besonders heikel ist die Frage, inwieweit sich die Prüfung auf die Wertansätze zu erstrecken hat. Schon beim Jahresabschluß ist die Bewertung Sache des Ermessens der die Bilanz aufstellenden Organe, zu denen der Prüfer nicht gehört. Bei ihm befaßt sich die Prüfung hauptsächlich mit der Ordnungs- und Gesetzmäßigkeit der Abschreibungen und mit der Beobachtung der durch die Herstellungs- und Anschaffungskosten und beim Umlaufsvermögen mit Börsen- und Marktpreis durch diese gezogene Grenzen (siehe Anm. 5 und 7 zu § 135 AktG. und Schlegelberger-Quassowski Anm. 8 Abs. 4 zu § 135). Wo der Wert zweifelhaft ist, hat der Abschlußprüfer zu prüfen, ob dem Zweifel gebührend Rechnung getragen ist, aber innerhalb des auch hier notwendigerweise bleibenden Ermessensspielraums entscheidet das Ermessen der die Bilanz aufstellenden Organe. Bei der Eröffnungsbilanz nun entscheidet nach § 3 der Teilwert, also ein völlig ungewisser Wertmaßstab. Einerseits ist also der Ermessensspielraum viel weiter, andererseits ist die mit der fehlerhaften Bewertung verbundene Gefahr viel größer. Dies gilt sowohl von der Über- wie auch von der Unterbewertung. Für die Aktionäre ist erstere Gefahr größer, für die Gläubiger mangels aller Gläubigerschutzvorschriften letztere, denn durch die Veräußerung unterbewerteten Vermögens wird der Buchgewinn für eine Ausschüttung verfügbar. Man wird also nicht umhin können, auch die Wertansätze der Prüfung durch die Abschlußprüfer wenigstens nach der Richtung zu unterwerfen, ob sie willkürliche Abweichungen vom Teilwert enthalten. Es ist *nicht zulässig, stille Rücklagen* zu bilden, *die mehr als* eine *Schätzungsreserve* sind und jenseits der notwendigen vernünftigen Vorsicht bei der Bewertung liegen.

Der *Prüfungsbericht* ist hier *der Hauptversammlung vorzulegen*, man kann wohl sagen: für sie bestimmt. Sie ist zwar *nicht an ihn gebunden*. Geht sie über die Einwendungen des Prüfers hinweg, so nimmt sie aber damit die *Möglichkeit* in Kauf, *daß* diese berechtigt waren und ihr *Beschluß der Nichtigkeit oder erfolgreichen Anfechtung anheimfällt*. Überdies hat unter der Voraussetzung des *§ 17* der *Registerrichter* die Eintragung der Umstellung abzulehnen, wenn er die Einwendung des Prüfers für begründet hält. Über die Bestellung des Prüfers vgl. § 8 der 2. EinfVO.)

12. Die endgültige **Feststellung der Eröffnungsbilanz**, der die Prüfung durch einen sachverständigen Prüfer vorauszugehen hat (siehe Anm. 11), geschieht nicht durch den Vorstand mit Billigung des Aufsichtsrats, sondern *durch die Hauptversammlung*. Für das Zustandekommen ihres Beschlusses gilt § 13. *Vorher* hat die Bilanz jedoch eine ganze Reihe anderer Instanzen zu durchlaufen. Der *Vorstand* hat sie aufzustellen (§ 125 Abs. 1 AktG.), alsdann durch den *Prüfer* prüfen zu lassen (§ 135 Anm. 10

und 11 AktG.), bevor er sie dem Aufsichtsrat zuleitet, und sodann diesem vorzulegen (§ 125 Abs. 1 AktG.). Die Bilanz muß dem Aufsichtsrat innerhalb von sieben Monaten seit dem ihr zugrunde gelegten Stichtag vorgelegt werden (siehe unten und § 125 Abs. 1). Liegt der gewählte Stichtag vor dem Tag der Verkündung der Verordnung, so beginnt die Frist, binnen deren die Bilanz dem Aufsichtsrat zugeleitet werden muß, nicht vor dem Tag der Verkündung der Verordnung. Dies muß entsprechend dem Schlußwort der Vorschrift auch für die Vorlegung der Eröffnungsbilanz an den Aufsichtsrat angenommen werden, weil anderenfalls, wenn als Stichtag der 1. April 1938 gewählt wird, die Frist für die Vorlegung der Bilanz an den Aufsichtsrat im Zeitpunkt der Verkündung der Verordnung fast schon abgelaufen war.

Nach § 11 dieser Verordnung (siehe die Erl. dort, § 127 AktG.) hat der Vorstand zugleich mit der Eröffnungsbilanz dem Aufsichtsrat auch einen Umstellungsbericht vorzulegen, der gleichfalls von dem Abschlußprüfer mit zu prüfen ist.

Der Aufsichtsrat hat die Bilanz zu prüfen und der Hauptversammlung darüber zu berichten. § 96 AktG. muß als anwendbar angesehen werden, auch wenn die Gesellschaft im Zeitpunkt der Umstellung noch nicht ihre Satzung an die Bestimmungen des AktG. angepaßt haben sollte. Dies geht aus Satz 2 des Absatzes 5 des zweifellos anzuwendenden § 126 AktG. hervor.

Eröffnungsbilanz, Umstellungsbericht, Prüfungsbericht des Abschlußprüfers und Bericht des Aufsichtsrats sind sodann der Hauptversammlung zuzuleiten (§§ 125 Abs. 5, 127 AktG., § 11), welche über die Eröffnungsbilanz beschließt.

13. Der Beschluß der Hauptversammlung ist nach Abs. 4 Schlußsatz innerhalb von neun Monaten seit dem der Bilanz zugrunde gelegten Stichtag zu fassen. Diese Frist beginnt frühestens mit dem 4. August, dem Tag des Inkrafttretens dieser Verordnung (§ 39). Letzteres ist dann erheblich, wenn ein Tag zwischen dem 31. März 1938 und dem 4. August 1938 als Stichtag gewählt werden sollte.

Die Länge dieser Frist wäre auffällig, wenn nicht anzunehmen wäre, daß der Gesetzgeber, ohne es ausdrücklich zu bestimmen, auch schon die Frist für die Vorlegung der Bilanz an den Aufsichtsrat verlängern wollte. Dies ist anzunehmen; denn nachdem der Vorlegung der Bilanz an den Aufsichtsrat schon die Abschlußprüfung vorausgeht, besteht kein Bedürfnis für einen halbjährlichen Zeitraum bis zur Vorlegung an die Hauptversammlung. Davon abgesehen, hätte es aber jede Gesellschaft, die sich Zeit lassen will, in der Hand, den Stichtag für die Eröffnungsbilanz selbst hinauszuschieben. Wenn nicht auch die Frist des § 125 Abs. 1 verlängert werden sollte, hätte also ein Bedürfnis nach einer so langen Frist nicht bestanden. Andererseits erscheint die Frist für die Vorlegung der Eröffnungsbilanz an den Aufsichtsrat viel zu kurz bemessen, wenn berücksichtigt wird, daß die Bilanz vorher noch durch den Abschlußprüfer zu prüfen ist.

Aus § 4, insbesondere Abs. 2, ist übrigens zu schließen, daß die Fristverlängerung auch für die Schlußbilanz und Beschlußfassung über sie und über die Entlastung der Verwaltungsträger wegen des letzten vorangegangenen Geschäftsführungszeitraums gilt.

14. Zu beachten ist ferner §§ 125 Abs. 6, 127 Abs. 2 Satz 2 über die Auslegung der Bilanz, des Vorstands- und Aufsichtsratsberichts in dem Geschäftsraum der Gesellschaft. Nachdem der Prüfungsbericht der Prüfer ausnahmsweise der Hauptversammlung vorzulegen ist (§ 11 Abs. 2), ist anzunehmen, daß er auch nach § 125 Abs. 6 AktG. auszulegen ist, dagegen kann eine Abschrift davon nicht verlangt werden. Endlich gilt § 125 (7) AktG. für das Recht der Minderheit, Vertagung zu verlangen.

§ 3.

(1) Auf die Eröffnungsbilanz finden die Vorschriften des Gesetzes oder der Satzung, die die Bewertung von Vermögensgegenständen mit einem höheren Wert als den tatsächlichen Anschaffungs- oder Herstellungskosten untersagen, keine Anwendung; gleiches gilt von Vorschriften, die den Ansatz von Vermögensgegenständen ohne Rücksicht auf einen geringeren Wert zu den Anschaffungs- oder Herstellungskosten gestatten.[1]) [2])

(2) Vermögensgegenstände dürfen höchstens mit dem Wert angesetzt werden, der ihnen am Stichtag der Eröffnungsbilanz beizulegen ist (Teilwert).[3–24]) Halbfertige und fertige Erzeugnisse sowie Waren dürfen höchstens mit dem Betrag angesetzt werden, den ihre Anschaffung oder Herstellung in dem Zeitpunkt erfordern würde, für den die Eröffnungsbilanz aufgestellt wird; sind diese Anschaffungs- oder Herstellungskosten höher als der Börsen- oder Marktpreis am Stichtag der Eröffnungsbilanz, so ist höchstens dieser Preis anzusetzen.[7]) Zweifelhafte Forderungen[19]) sind nach ihrem wahrscheinlichen Wert anzusetzen, uneinbringliche Forderungen[19]) abzuschreiben. Eigene Aktien[20]) oder Geschäftsanteile dürfen höchstens mit dem Nennbetrag als Aktivposten eingesetzt werden; sie dürfen jedoch, wenn der Betrag der freiwilligen offenen Rücklagen geringer ist, höchstens mit diesem Betrag angesetzt werden.

(3) Die Schulden[21]) [22]) sind mit dem Wert anzusetzen, der ihnen am Stichtag der Eröffnungsbilanz beizulegen ist.

(4) Für die künftigen Jahresbilanzen gelten die in der Eröffnungsbilanz eingesetzten Werte als Anschaffungs- oder Herstellungskosten im Sinne des § 133 des Aktiengesetzes[25]) und des § 23 des Gesetzes über Gesellschaften mit beschränkter Haftung.

1. *Nach AktG. und AktReg.* sind die Bilanzen der Aktiengesellschaften Erfolgsbilanzen, die gesetzlichen Vorschriften zielen daher darauf ab, zu verhindern, daß Gewinne ausgewiesen werden, welche nicht gemacht oder fraglich sind. Dazu gehört auch der Grundsatz, daß nicht verwirklichte Gewinne nicht auszuweisen sind, hingegen wohl noch nicht eingetretene, aber drohende Verluste. Ein Ausdruck des ersteren Grundsatzes ist es, daß die *Anschaffungs- und Herstellungskosten* die *obere Grenze für einen Wertansatz* bilden.

2. Für die **Wertansätze der Eröffnungsbilanz** ist maßgebend, daß sie keine Erfolgsbilanz ist. Sie soll vielmehr das Reinvermögen des Kaufmanns, bewertet nach den Verhältnissen, die im Zeitpunkt herrschen, für den sie aufgestellt wird, richtig ausweisen. Dies erfordert *völlige Unabhängigkeit der Bilanzierung von den Wertansätzen früherer Bilanzen* (Bilanzstetigkeit, materielle Bilanzkontinuität — diese besteht übrigens nach deutschem Recht nicht grundsätzlich, sondern nur insofern, als der Kaufmann bei allen Bilanzen an dieselbe Höchstgrenze gebunden ist; vgl. Anm. 3 zu § 129 AktG. und Anm. 1 zu § 133 AktG. —) *wie auch von den starren Grundsätzen, welche für die Erfolgsbilanz gesetzlich vorgesehen sind.*

Dem entspricht, daß für die Eröffnungsbilanz die Vorschriften des Gesetzes oder der Satzung *nicht* gelten, nach welchen *die Herstellungs- oder Anschaffungskosten allein die zulässige Höchst- oder Mindestbewertung bindend bestimmen.* Damit ist noch nicht gesagt, daß die Herstellungs- und Anschaffungskosten überhaupt keinen Faktor bei der Bewertung bilden und gänzlich außer acht gelassen werden können, wenn es gilt, den richtigen Wert zu ermitteln. Soweit es auch ohne Rücksicht auf die Erfolgsabgrenzung der kaufmännischen Auffassung entspricht, bei der Bewertung eines Vermögensgegenstandes auf die Kosten Rücksicht zu nehmen, welche seine Beschaffung verursacht hat, gilt dies auch für die Eröffnungsbilanz (§ 2 Abs. 4 dieser Verordnung, § 129 Abs. 1 Ziff. 1 Abs. 2 AktG.). Wie aus dem Folgenden ersichtlich, sind es nicht die wirklichen in der Vergangenheit aufgewandten, sondern die hypothetisch am Stichtag aufwendbaren Kosten der Anschaffung und Herstellung, welche die Wertansätze der Eröffnungsbilanz bestimmen.

Die Freiheit der Eröffnungsbilanz von den bisherigen auf den Selbstkosten beruhenden Wertansätzen bedeutet übrigens die Bindung an den Zeitwert und daher, wenn dieser niedrig ist, keineswegs eine Wohltat für die Gesellschaft; sie kann vielmehr notwendig machen, daß ein Gegenstand des Anlagevermögens viel niedriger als bisher angesetzt werden muß, wenn bisher auf ihn nur die üblichen Abnutzungsabschreibungen gemacht worden sind.

3. Als Wertmaßstab für alle Vermögensgegenstände, gleichgültig ob sie zum Anlage- oder Umsatzvermögen gehören, sieht die Verordnung den Wert vor, der ihnen am Stichtag beizulegen ist, den sie als **„Teilwert"** bezeichnet.

Das Wort stammt aus der Rechtsprechung des Reichsfinanzhofes und ist entnommen dem § 6 Ziff. 1 Satz 3 des EinkStG. vom 10. Oktober 1934, durch den jene Rechtsprechung gesetzlich anerkannt worden ist. Es bedeutet dort den Betrag, welcher für den einzelnen Vermögensgegenstand von dem Erwerber des ganzen Betriebes, der diesen als einen lebenden fortführen will, bei seiner Berechnung des Gesamtpreises eingesetzt wird.

Aus der Gesetzesstelle selbst geht nicht hervor, daß auch sie mit dem Worte „Teilwert" denselben Sinn verbindet; es ist vielmehr möglich, daß sie darunter etwas eigenes, anderes, nämlich eben den „Wert am Stichtag der Eröffnungsbilanz" versteht. Trotzdem ist nicht zweifelhaft, daß durch die Beifügung des Wortes „Teilwert" in Klammern zur näheren Bestimmung des unmittelbar zuvor angegebenen Wertmaßstabes der im Steuerrecht entwickelte Teilwertbegriff herangezogen werden sollte (siehe Herbig, Soziale Praxis 1938 S. 993 und Friedrich-Herbig, Deutsche Justiz 1938 Sp. 1298).

Der Fall, von dem dieser Begriff ausgeht, daß nämlich ein ganzer Betrieb zu einem Gesamtkaufpreis zwecks Fortführung veräußert wird, ist außerordentlich selten, verglichen mit der Zahl der alltäglichen Veräußerungen der einzelnen zum Betrieb gehörigen Gegenstände. Es überrascht daher, daß für eine Handelsbilanz, deren Wertansätze sich zweckmäßigerweise doch danach bemessen sollten, was der Gestaltung des alltäglichen gewöhnlichen Geschäftslebens entspricht, dieser einer außergewöhnlichen Gestaltung angepaßte Wertmaßstab des Steuerrechts vorgeschrieben wird. Nach Friedrich-Herbig, Deutsche Justiz 1938 S. 1298, „Neues Aktienrecht und Reichsmarkbilanz in Österreich", ist dies geschehen mit Rücksicht auf die erhebliche Bedeutung der Eröffnungsbilanz für die steuerliche Behandlung des Unternehmens. Besser dürfte die Vorschrift durch die Erwägung begründet sein, daß meistens die Gegenstände des Anlagevermögens nicht zum Einzelverkauf bestimmt sind und deshalb ihre Bewertung als Gegenstände eines Gesamtkaufpreises für das zur Fortführung bestimmte Unternehmen gerechtfertigt erscheint; jedoch wird auch dabei übersehen, daß im Konkursfall, der bei der Bilanzierung eines ordentlichen Kaufmannes nicht vergessen werden darf, gerade eine Gesamtverwertung und Fortführung des Betriebes regelmäßig nicht möglich ist.

Leider muß weiter auch festgestellt werden, daß der Begriff entsprechend der Außergewöhnlichkeit des Vorganges, von dem er ausgeht, auch im steuerrechtlichen Schrifttum durchaus nicht geklärt und überhaupt sehr schwer zu klären ist. In letzter Linie maßgebend ist die sorgfältige Überlegung des bilanzierenden Kaufmannes, was bei einer Gesamtverwertung des Unternehmens zwecks Fortführung für die einzelnen Gegenstände zu erzielen ist.

4. Zunächst kann gesagt werden, daß der Erwerber eines Betriebes für einen Vermögensgegenstand auch im Rahmen des Gesamtkaufpreises nicht wohl

mehr ansetzen wird, als er aufwenden müßte, um denselben Gegenstand zu beschaffen, wenn er nicht vorhanden wäre. Dies gilt in gleicher Weise für die Gegenstände des Anlage- wie des Betriebsvermögens. Es folgt daraus, daß für alle Gegenstände, die ersetzbar sind, die Kosten der Wiederbeschaffung am Stichtag der Eröffnungsbilanz die obere Grenze bilden. Diese Kosten der Wiederbeschaffung sind die Kosten der eigenen Herstellung oder des Ankaufes, je nachdem, ob die ersteren oder letzteren geringer sind.

5. Daraus folgt aber noch nicht, daß der Käufer des Gesamtbetriebes immer die Kosten der Wiederbeschaffung einsetzen und bewilligen wird. Für Gegenstände des Anlagevermögens, die schon abgenutzt sind, wird er die Kosten der Wiederbeschaffung eines neuen Gegenstandes derselben Art bei seiner Berechnung des Gesamtkaufpreises nur einsetzen, indem er gleichzeitig berücksichtigt, daß letzterer, wenn er angeschafft würde, eine längere Lebensdauer haben würde als der im Betrieb vorhandene, und daher entsprechendes absetzen. Desgleichen wird er es nicht unberücksichtigt lassen, wenn er um denselben Wiederbeschaffungsaufwand einen technisch vollkommeneren Gegenstand erwerben kann, der dem vorhandenen im Wettbewerb überlegen ist.

6. Ist gar der Gegenstand für die Fortführung des Betriebes überflüssig, so wird der Erwerber des Gesamtbetriebes überhaupt nicht von dem Aufwand ausgehen, den er für die Wiederbeschaffung zu machen hätte, um die es ihm ja in diesem Falle nicht zu tun ist, vielmehr von dem Erlös, den er erzielen kann, wenn er diesen Gegenstand, und zwar einzeln, weiterverkauft. Für einen solchen wird er daher sehr oft nur den Verschrottungspreis oder sonst einen Schleuderpreis ins Auge fassen. Dies gilt in gleicher Weise für Gegenstände des Anlage- wie des Umlaufvermögens, z. B. für ein unverkäufliches oder schwer verkäufliches Lager.

Davon ist auch auszugehen, wenn ein Betrieb künstlich aufgebläht ist, um einer besonders lebhaften, aber voraussichtlich kurzlebigen Konjunktur nachkommen zu können. Denn hier wird der Erwerber bei der Bemessung des Kaufpreises diese Vergänglichkeit der Konjunktur ins Auge fassen und je nach der Lebensdauer, die er ihr beimißt, die Nähe des Zeitpunktes berücksichtigen, in dem ein Teil der Maschinenanlage überflüssig und zum Schrottpreis entwertet wird. (Anderer, aber auch für das Steuerrecht sicher falscher Ansicht Reinhardt, Buchführung, Bilanzen und Steuern S. 151, weil für den Teilwert „die Fortführung des Betriebes in dem bisherigen Umfange und mit den bisherigen Möglichkeiten" zu unterstellen sei. Wird bei dem Teilwertbegriff schon auf einen außergewöhnlichen Fall abgestellt, nämlich die Veräußerung des Betriebes im ganzen, so geht diese Auffassung von einer Märchenfigur aus, nämlich von einem Kaufmann, der ohne Rücksicht auf die Konjunktur immer unvermindert fortproduziert; was eine solche für die Betriebsgegenstände zahlen würde, kann freilich nur die Phantasie ermessen. Für die Handelsbilanz führt diese Meinung jedenfalls zu unzulässigen Ergebnissen.)

7. Der Reinaufwand für die Wiederbeschaffung, sei es durch Selbstherstellung, sei es durch Ankauf, kommt als Größe für die Bemessung des Teilwertes sonach nur für die vorhandenen Bestände an halbfertigen und fertigen Erzeugnissen, an Rohstoffen und Hilfsstoffen und an Waren in Betracht, vorausgesetzt, wie schon Anm. 6 erwähnt, daß dieses Lager ohne weiteres verkäuflich ist. Der Käufer des Gesamtbetriebes würde sich bezüglich dieser Gegenstände, wenn sie nicht vorhanden wären, fragen, wie teuer er sie im Betriebe selbst herstellen oder am Markt oder an der Börse kaufen könnte. Folgerichtig erklärt die Verordnung den niedrigeren dieser Beträge für maßgebend. Über Börsen- und Marktpreis vgl. Anm. 10 zu § 133 AktG. Über Anschaffungs- und Herstellungskosten Anm. 2, 5, 7 und 10 Schlußabsatz zu § 133. Mangels eines Börsen- und Marktpreises ist der Verkaufswert (siehe § 133 Ziff. 3 und daselbst Anm. 10 Abs. 4) am Stichtag der Eröffnungsbilanz als obere Wertgrenze zwar nicht vorgesehen. Unvorstellbar ist aber die Sachlage nicht, daß der Verkaufswert am Stichtag geringer ist als der Betrag der für Neuherstellung aufzuwendenden Kosten. Bei dieser Sachlage würde ein Käufer des Gesamtbetriebes keinesfalls die Wiederbeschaffungskosten einsetzen, also auch nicht bezahlen. Obwohl die Verordnung diesen Fall nicht erwähnt, was angesichts § 133 Ziff. 3 AktG. auffällt, ist jedoch anzunehmen, daß in diesem Fall nur der Verkaufswert am Bilanzstichtag eingesetzt werden kann.

8. Abzulehnen ist wenigstens für das Handelsrecht und die Handelsbilanz die gleichfalls von Reinhardt a. a. O. S. 145 vertretene Ansicht, daß der Teilwert die Wiederbeschaffungskosten um den wirtschaftlichen Nachteil übersteige, welcher, wenn ein vorhandener Gegenstand nicht da wäre, bis zu seiner Beschaffung entstehen würde. Diese bei Erfolgsbilanzen fiskalischen Zwecken günstige Ansicht steht im allgemeinen schon im Widerspruch zu dem Grundsatz, daß kein Vermögensgegenstand mit einem Wert eingesetzt werden darf, der die Anschaffungskosten übersteigt, aber auch für die vorliegende Vorschrift, welche von diesem Grundsatz gerade entbindet (soweit er nicht auf den Umweg über den Teilwert und die für diesen maßgebende Größe wieder eingeführt wird), ist die mitgeteilte, bei der Eröffnungs- (Vermögens-) Bilanz dem fiskalischen Ergebnis übrigens abträgliche Meinung abzulehnen, denn es ist nicht richtig, daß der Käufer eines Betriebes für einen einzelnen vorhandenen Gegenstand über den Aufwand hinaus, der erforderlich wäre, um ihn zu beschaffen, wenn er fehlen würde, noch den Betrag bezahlt, der dem Nachteil entspricht, der in diesem Falle entstünde. Der Käufer würde vielmehr, wenn der Gegenstand fehlen würde und dieses Fehlen einen Nachteil befürchten ließe, für das Gesamtunternehmen mehr als die Wiederbeschaffungskosten weniger bezahlen, aber er bezahlt nicht mehr als die Beschaffungskosten, wenn der Gegenstand vorhanden ist.

Denkbar wäre, daß beim Kauf eines Betriebes im ganzen der Käufer, der die Fortführung des Betriebes beabsichtigt, bei der Preisbewilligung für das Ganze berücksichtigt, daß es fertig dasteht, und bereit ist, hierfür dem Gesamtpreis etwas zuzulegen. Es liegt nicht ferne, an § 54 (2) AktG. zu denken, der auch zu einer Zuschreibung bei den Anlagekonten führt (vgl. Anm. 8 zu § 54 AktG.). Trotzdem ist dieser Gesichtspunkt zu verwerfen, weil der Teilwert gerade von den einzelnen Gegenständen ausgeht; auch im übrigen treffen hier Anm. 15 und 16 zu.

9. Handelt es sich um Gegenstände des Anlagevermögens (§ 131 Abs. 1 a II 1 bis 7 AktG.), die nicht ersetzbar sind und deren Wiederbeschaffung überhaupt nicht möglich ist — also z. B. um ein Geschäftsgrundstück in einmaliger Lage, eine Erfindung, die ein Monopol begründet, ein Warenzeichen, eine Beteiligung oder ein geschlossenes Aktienpaket oder dergleichen —, so wird der Teilwert, d. h. der Preis, den der Käufer innerhalb des gesamten Kaufpreises dafür anlegt, natürlich auch nicht von der Vorstellung dessen bestimmt, was für die Beschaffung dieser Gegenstände aufzuwenden wäre. Für ihren Teilwert können die Wiederbeschaffungskosten deshalb keine Rolle spielen, maßgebend für den Teilwert werden vielmehr hier hauptsächlich die durch diesen Gegenstand begründeten bleibenden Rentabilitätsaussichten sein.

Auch für diese Gegenstände gilt zunächst zweifellos, daß durch die vorliegenden Vorschriften die Bestimmungen außer Kraft gesetzt sind, welche einen Wertansatz gleich den Anschaffungskosten gestatten, wenn der Teilwert geringer als der für ihre Beschaffung aufgewendete Betrag ist. Desgleichen gilt auch für diese Vermögensgegenstände, daß der Betrag der Anschaffungs- und Herstellungskosten die zulässige Bewertung nicht begrenzt. Damit ist aber nicht gesagt, daß sie mit Phantasiepreisen eingesetzt werden dürfen.

Solche Werte werden von einem Ansatz ganz auszuschließen sein, welche, wie ein Warenzeichen, für sich allein überhaupt nicht veräußerlich, sondern nur zusammen mit dem Betrieb veräußert werden können. Allerdings geht der Teilwert gerade von der Veräußerung des Gesamtbetriebes aus, aber doch nähern sich die Wirtschaftsgüter, welche für sich allein unveräußerlich und nur geeignet sind, den Preis für den Gesamtbetrieb zu erhöhen, so sehr dem Geschäftswert des Betriebes, daß sie wie dieser zu behandeln sind. Für diesen gilt aber, daß er in der Bilanz überhaupt nicht zu bewerten ist (vgl. unten Anm. 16).

Auch insoweit derartige nicht ersetzbare Wirtschaftsgüter einzeln veräußerlich sind (Patente, Grundstücke, Aktienpakete), ist der Überwert, den sie infolge ihrer Einmaligkeit und Nützlichkeit besitzen mit dem Geschäftswert oft nahe verwandt. Wenn für die Bewertung solcher Vermögensgegenstände in der Eröffnungsbilanz auch nicht schlechthin die Anschaffungskosten maßgebend sind, so verbietet doch die kaufmännische Sorgfalt und kaufmännische Anschauung, bei ihrem Wertansatz den besonderen Wert zu berücksichtigen, den sie infolge ihrer Einmaligkeit und besonderen Nützlichkeit für den Betrieb der Gesellschaft haben. Denn wenn der Käufer des Betriebes im ganzen, der ihn fortführen will, zweifellos für diesen Überwert einen gewissen Sonderpreis bezahlen würde und die gesetzliche Vorschrift über die Wertansätze der Eröffnungsbilanz gerade hierauf abstellt, so dürfen trotzdem zwei Gesichtspunkt nicht übersehen werden: erstens die Rücksicht auf die Gläubiger, d. h. der Konkursfall, in welchem eben der Betrieb gewöhnlich nicht im ganzen veräußert, sondern durch Einzelverwertung ausgeschlachtet wird und sich deshalb gerade ein derartiger Überwert nicht verwirklichen läßt, weil, anders wie beim Teilwert vorausgesetzt, der Betrieb eben gerade nicht fortgeführt wird; zweitens die Rücksicht auf die Aktionäre und die Erwerber von Aktien, d. h. § 5 der gegenwärtigen Verordnung, wonach das Umstellungskapital den vollen Überschuß der Aktiven über die Passiven gleichgesetzt werden kann, weil es unerträglich erscheinen würde, einem derartigen Überwert Grundkapital gegenüberzustellen und dieses in Aktien auszugeben. Es zeigt sich hier, daß für einen großen Teil der Vermögensgegenstände der Teilwert nicht der geeignete Bewertungsmaßstab ist. Im einzelnen ist zu sagen:

10. Geschäftsgrundstücke sind trotz der gesetzlichen Vorschrift ohne Rücksicht auf ihre besondere Nützlichkeit für den Betrieb der Gesellschaft nach den Preisen zu bewerten, welche für Grundstücke in gleicher Lage, in der gleichen Art an dem betreffenden Ort bezahlt werden, an dem die Eröffnungsbilanz aufgestellt wird.

Sind Grundstücke in gleicher Lage nicht vorhanden, so ist der Wert des Geschäftsgrundstücks trotz seiner Einmaligkeit nicht höher einzusetzen, als dem entspricht, was jeder dafür anlegen würde, der ein Unternehmen auf dem Grundstück betreiben will. Die besondere Eignung für den besonderen Betrieb kann nicht gewertet werden, denn diesen Wert entlehnt das Grundstück von dem Betrieb selbst, er stellt einen Teil des Geschäftswertes dar.

11. Warenzeichen sind Geschäftswert und können überhaupt nicht angesetzt werden. Es erscheint durchaus unzulässig, Aktien gegen einen Warenzeichenwert auszugeben.

12. Für Erfindungen, welche patentiert sind, und auch solche, die es nicht sind, kann ein Wert nach dem Teilwertprinzip eingesetzt werden, aber mit äußerster Vorsicht. Diese Wirtschaftsgüter sind auch ohne den Gesamtbetrieb veräußerlich, man kann nicht sagen, daß ihr Wert sich vom Betriebe ableite und Geschäftswert sei. Zweifellos wird ein Erwerber des Gesamtbetriebes für Erfindungen und Patente einen Preis bezahlen, aber der Teilwert am Stichtag der Eröffnungsbilanz ist ein Augenblickswert. Gerade derartige Wirtschaftsgüter können über Nacht entwertet werden. Das Grundkapital aber belastet die Passivseite bleibend. Es ist durchaus denkbar, daß ein heute erzielbarer hoher Teilwert nach kurzer Zeit gänzlich zusammengeschmolzen ist. Kein vernünftiger Kaufmann wird nach dieser Größe das Grundkapital der Gesellschaft bemessen. Es zeigt sich hier, daß die Wahl des Teilwertes als Wertmaßstab, noch dazu ausschließlich abgestellt auf den Stichtag der Eröffnungsbilanz, eine unglückliche Wahl ist.

13. Beteiligungen, Wertpapiere des Anlagevermögens sind nach deren inneren Wert einzusetzen. Eine höhere Bewertung nach dem Teilwert mit Rücksicht auf ihre besondere Bedeutung für den Betrieb der Gesellschaft ist wegen des Zusammenhanges der Bewertung mit der Bemessung des Umstellungskapitals (§ 5) ausgeschlossen.

14. Die Streitfrage, wie geschenkte Gegenstände zu bewerten sind, für die keine Anschaffungs- und Herstellungskosten entstanden sind, kann hier keine Rolle spielen, wie sie auch sonst nicht erheblich ist, da Schenkungen an Aktiengesellschaften noch seltener vorkommen als leider sonst. Sie sind gleichfalls nach Maßgabe vorstehender Ausführungen mit dem Teilwert einzusetzen.

15. Das Verbot, die Aufwendungen für Gründung und Kapitalbeschaffung unter die Aktivposten einzusetzen (§ 133 AktG. Anm. 4), gilt zweifellos auch für die Eröffnungsbilanz, denn eine Ausnahme von diesem Verbot wäre weder durch Abs. 1 noch durch irgendeine Erwägung gedeckt.

Dagegen ist für die Eröffnungsbilanz auch die Ausnahme von dem Verbot nicht gerechtfertigt, welche Satz 2 Ziff. 4 § 133 AktG. für die Kosten der Betriebseinrichtung macht. Es können also diese in der Eröffnungsbilanz nicht aktiviert werden. Kosten der Betriebseinrichtung sind solche Aufwendungen, welche gemacht werden, um den Betrieb in Gang zu bringen, ohne daß dabei (wie etwa beim Aufschluß eines zu parzellierenden Geländes) der Wert bestimmter einzelner Gegenstände gesteigert wird, was einen entsprechenden Wertansatz für letztere rechtfertigt. Daß es gestattet ist, diese Aufwendungen in der Jahresbilanz zu aktivieren, beruht darauf, daß diese Erfolgsbilanz ist und daß die Erfolgsrechnung des ersten Jahres nicht mit diesen Aufwendungen belastet werden soll, die für die gesamte Lebensdauer des Betriebes gemacht werden. Darum erlaubt das Gesetz, sie durch Aktivierung und jährliche Abschreibung auf mehrere Jahre zu verteilen. Dieser Gesichtspunkt versagt bei einer Bilanz, welche eine Vermögens- und keine Erfolgsbilanz sein soll. Daß als Wertmaßstab für die Ansätze der Eröffnungsbilanz der Teilwert angeführt ist, drängt allerdings die Überlegung auf, daß der Erwerber des Unternehmens, der es fortführen will und diese bei jedem Unternehmen unumgänglichen Antriebskosten erspart, bereit sein kann, einen höheren Gesamtpreis zu bezahlen. (Beachte dazu, daß der Teilwert nicht der Wert für das Gesamtvermögen, sondern der Wert der einzelnen Gegenstände ist innerhalb des Gesamtkaufpreises.) Entscheidend ist, daß ein derartiges Aktivum nach der Auffassung eines ordentlichen Kaufmanns kein Gegenposten für das zu errechnende Umstellungskapital sein kann.

16. Ähnliches gilt für den Geschäfts- und Firmenwert. § 133 Ziff. 5 AktG. unterscheidet zwischen dem selbstgeschaffenen Geschäfts- und Firmenwert und dem käuflich erworbenen. Die Aktivierung des ersteren ist verboten, des letzteren gestattet. Die Beweggründe dafür sind dieselben wie für die Aktivierung der Betriebseinrichtungskosten (siehe Anm. 15). Recht wohl ist dem Gesetzgeber jedoch dabei nicht. Er gebietet angemessene jährliche Ab-

schreibungen ohne Rücksicht darauf, ob der Wert erhalten bleibt und sich vergrößert oder verlorengeht. Ohne Zweifel besteht ein Unterschied gegenüber den Kosten der Betriebseinrichtung. Letztere sind niemals ein wahres Aktivum (wenngleich sie den ersten Stein für den Aufbau eines selbstgeschaffenen Geschäftswerts darstellen); der Firmen- und Geschäftswert ist ein solches, das bei der Veräußerung des Unternehmens möglicherweise hoch bezahlt wird und unter Umständen sogar im Konkurs des Unternehmens wenigstens teilweise sich in Geld umsetzen läßt. Gleichwohl kann der Geschäfts- und Firmenwert bei der Eröffnungsbilanz nicht eingesetzt werden, mag er selbstgeschaffen oder käuflich erworben sein. Dies ergibt sich schon daraus, daß die Aktivierung des selbstgeschaffenen Firmenwertes nach § 133 Ziff. 5 verboten und eine Ausnahme von diesem Verbot durch Abs. 1 nicht gedeckt ist. Die in § 133 Ziff. 5 Satz 2 AktG. zugunsten des käuflich erworbenen Firmenwertes vorgesehenen Ausnahmen sind aber durch Abs. 1 zweiter Halbsatz weggeräumt. Es entscheidet aber auch hier, daß ein derartiger rein ideeller Wert des gesamten Unternehmens kein Gegenposten für das Umstellungskapital sein kann.

17. Zum Geschäfts- und Firmenwert gehören auch Beteiligungen an Syndikaten und Kartellen (Quoten, Kontingente) und Warenzeichen. Auch hier ist kein Zweifel, daß durch eigenen Beitritt erworbene Syndikat- und Kartellquoten und selbstgeschaffene Warenzeichen in der Eröffnungsbilanz nicht aktiviert werden können. Auch für erworbene Quoten und (gemeinsam mit einem Geschäftsbetrieb) erworbene Warenzeichen ist aber festzuhalten, daß (trotz ihrer Weiterveräußerlichkeit) ihre Aktivierung zu einem ungeeigneten Gegenposten für das Umstellungskapital führen würde.

18. Ein Unterwert des Geschäfts kann auf einer technischen Überalterung oder übermäßigen Kapazität beruhen. Für diesen Fall gilt unmittelbar Anm. 6. Die ungünstige Rentabilität kann ferner von der ungünstigen Konjunktur verursacht sein. Ist diese vorübergehend, so wird sie unbeachtlich sein und das Geschäft im ganzen nicht entwerten. Ist aber eine Besserung nicht zu erwarten, so ist zu unterscheiden, ob die Konjunktur eine ungenügende Beschäftigung zur Folge hat — dann liegt der schon erwähnte Fall einer übermäßigen Kapazität vor — oder ungenügende Preise bei voller Beschäftigung; letzterenfalls und wenn der Betrieb falsch aufgezogen und deshalb unrentabel ist, wird der Erwerber des Betriebs im ganzen, der ihn fortführen will, für die einzelnen Gegenstände die Werte nicht bewilligen, die sich nach Anm. 4—8 ergeben würden. Dementsprechend sind die Wertansätze zu ermäßigen.

19. a) Die Forderungen, welche in der Jahresbilanz gleichfalls nach dem Niederstwertprinzip, also niemals höher als zum Anschaffungswert (wenn sie z. B. mit Abschlägen erworben wurden) und niemals über den Wert am Bilanzstichtag, anzusetzen sind, sind ohne Rücksicht auf die Anschaffungskosten gleichfalls mit dem Teilwert anzusetzen, also mit dem, was der Käufer des ganzen Betriebes für die einzelnen Forderungen in dem Gesamtkaufpreis anrechnen würde. Ein solcher würde, auch wenn die Forderung nicht zweifelhaft und mutmaßlich vollwertig ist, nach einem kaufmännischer Erfahrung entsprechenden Durchschnittssatz einen Risikoabschlag machen. Das bedeutet, daß auch bei der Eröffnungsbilanz eine entsprechende Rückstellung zu machen ist. Darüber hinaus sind zweifelhafte Forderungen nur mit ihrem mutmaßlichen Wert anzusetzen, uneinbringliche Forderungen ganz abzuschreiben. Da es auf Anschaffungskosten nicht ankommt, ist auch bei Währungsforderungen der Kurs des Entstehungstages, der die Anschaffungskosten bestimmt, belanglos. Maßgebend ist der Kurs des Tages, für welchen die Eröffnungsbilanz aufgestellt wird.

b) Das Vorgesagte gilt auch von Einlageforderungen. Sind diese, sei es auch nur durch Rückgriff gegen die Vormänner des derzeitigen Aktionärs oder durch das Kaduzierungsverfahren, voll einbringlich, müssen sie voll eingesetzt werden, weil ein Erlaß aus Anlaß der Umstellung nach § 5 Abs. 4 unzulässig ist.

20. a) Für **eigene Aktien** ist eine besondere Bewertungsvorschrift gegeben. Ihnen sind gleichzustellen Aktien, welche ein Dritter für Rechnung der Gesellschaft erworben hat, und zwar ohne daß zu unterscheiden wäre, ob die Gesellschaft den Anspruch des Dritten auf Erstattung seiner für den Erwerb gemachten Aufwendungen schon erfüllt hat oder nicht. Ebenso ist dieses auch auf Aktien eines abhängigen Unternehmens auszudehnen, welches für eigene Rechnung Aktien des herrschenden Unternehmens in erheblichem Umfange besitzt. Für die Bewertung der Aktien des herrschenden Unternehmens in der Eröffnungsbilanz des abhängigen gelten dagegen die allgemeinen Bestimmungen.

Bei Vorratsaktien, d. h. Aktien, welche ein Dritter für Rechnung der Gesellschaft oder eines von ihr abhängigen Unternehmens bei der Gründung oder einer Kapitalerhöhung übernommen hat (§ 51 AktG.), gelten diese Bewertungsgrundsätze nicht. Dabei ist es unerheblich, ob sie voll bezahlt sind oder nicht, desgleichen ob die Mittel zu den geleisteten Einlagen von der Gesellschaft selbst zur Verfügung gestellt worden sind; denn nach § 6 2. EinfVO. ist § 51 Abs. 1 AktG. rückwirkend auch für die bei Verkündung der Verordnung bestehenden derartigen Verhältnisse in Kraft gesetzt worden. Daraus ergibt sich, daß der Vorratsaktionär zur Vollzahlung verpflichtet ist, desgleichen zur Rückzahlung, wenn er die Mittel zu den geleisteten Einlagen von der Gesellschaft erhalten hat, und daß er keine Erstattungsansprüche gegen sie hat, wenn er sie aus eigenen Mitteln geleistet haben sollte. In der Bilanz der Aktiengesellschaft ist folgerichtig die Einlageforderung oder der Erstattungsanspruch gegen den Vorratsaktionär nach den für die Bewertung von Forderungen geltenden allgemeinen Grundsätzen (Anm. 19) zu bewerten. Die Gesellschaft hatte bisher aus dem Auftragsverhältnis daneben wahlweise einen Anspruch auf Übertragung der Aktien. Diesen kann sie nicht mehr geltend machen; sie kann ihn daher auch nicht bewerten, dagegen hat sie aus dem Auftragsverhältnis den Anspruch auf Aushändigung des Erlöses, wenn die Vorratsaktien veräußert werden. Dieser kann jedoch höher sein als die Einlageforderung und der Erstattungsanspruch, wenn nämlich die Aktien einen hohen Kurs haben. Für den Mehrbetrag wird man dann Anm. c unten entsprechend anwenden müssen.

b) Eigene Aktien und Geschäftsanteile dürfen zunächst gleichfalls nicht höher als zum Teilwert bewertet werden, außerdem keinesfalls höher als zum Nennwert. Der Teilwert wird sich bei Aktien, die an der Börse notiert werden, mit dem Börsenkurs decken, indessen muß dies nicht immer zutreffen. Der Börsenkurs kann zu hoch oder zu niedrig sein. Dann ist nicht er maßgebend, sondern der Teilwert. Dieser wird höher sein als der Börsenkurs, wenn sich der Erwerber des Gesamtunternehmens sagen muß, daß er zum Börsenkurs, weil dieser regelmäßig nur den Handel kleinerer Posten betrifft, das vorhandene Aktienpaket eigner Aktien nicht kaufen kann. Daß es aus dem gleichen Grunde sein kann, daß dieses zum Börsenkurs nicht verkäuflich ist, wird dann eine Rolle spielen, wenn das Unternehmen darauf bedacht sein muß, den Posten bald zu verkaufen, um sich Geld zu verschaffen.

c) Außerdem besteht die weitere Sondervorschrift, daß eigene Aktien oder Geschäftsanteile nicht Gegenposten für das Umstellungskapital und ebensowenig für die gesetzlichen Rücklagen, sondern nur für freie Rücklagen sein können. Dies ist der eine Teil des Sinnes der Vorschrift. Er hat mit der Bewertung der Aktien nichts zu tun, ist aber mittelbar eine Vorschrift über einen Bilanzhöchstansatz, weil nach § 5 Abs. 3 die bei der Umstellung gebildeten freien Rücklagen, die in jedem Fall die Höchstgrenze für den Ansatz eigener Aktien sind, zwar geringer, aber nicht höher sein dürfen als die in der Schlußbilanz ausgewiesenen; regelmäßig werden sie sogar geringer sein, da sie nur in angemessener Höhe fortgeführt werden dürfen.

d) Da sonach für die Bewertung der eigenen Aktien nicht nur die bisherige Höhe der freiwilligen offenen Rücklagen eine Höchstgrenze zieht, sondern auch die regelmäßig geringere Höhe der bei der Umstellung beschlossenen, so entsteht die Frage, ob denn die Eröffnungsbilanz schon das Grundkapital, die gesetzliche Rücklage und die freiwillige Rücklage getrennt oder nur in einem Posten das nach Abzug der Schulden verbleibende Reinvermögen ausweisen soll. Ersterem steht nichts im Wege. Zwar spricht § 5 Abs. 2 und 3 und auch eine gewisse gedankliche Folgerichtigkeit für letzteres (siehe RGZ. 143 S. 396/97), aber der Umstellungsbeschluß und die Eröffnungsbilanz lassen sich nicht trennen. Denn hierzu muß man sich folgendes klarmachen: Die Bildung von Rücklagen, die nach § 5 Abs. 2 und 3 einen Punkt des Umstellungsbeschlusses bilden, kann nicht durch satzunggebenden Beschluß beschlossen werden, weil ja die Höhe der Rücklage nicht durch die Satzung zu bestimmen ist; dies wäre nur möglich, wenn beschlossen würde, daß die Rücklagen durch eine wirkliche Abzweigung eines Teiles der flüssigen Gesellschaftsmittel aus dem sonstigen Vermögen zwecks gesonderter Verwaltung gebildet werden. Dies ist nicht gemeint. Denn die Rücklage ist nach deutschem Aktienrecht kein abgesonderter Vermögensbestandteil. Rücklagen können also nur beschlossen werden, wenn gleichzeitig eine Bilanz beschlossen wird, welche sie zeigt. Demnach hat schon die Eröffnungsbilanz Grundkapital, gesetzliche und freiwillige Rücklagen auszuweisen. Auch bei der Einziehung eigener Aktien nach § 8, die ja auch eine integrierende Maßnahme der Umstellung ist und ihrerseits schon in der Eröffnungsbilanz zum Ausdruck kommen muß (§ 8 Abs. 2), zeigt sich dasselbe. Sonach ist es nicht möglich, die Eröffnungsbilanz zu beschließen, ohne daß gleichzeitig die Umstellung beschlossen, d. h. das Grundkapital und die Rücklagen festgesetzt, und ohne daß diese schon in die Eröffnungsbilanz mitaufgenommen würden.

e) Auffällig ist der gesetzliche Sprachgebrauch „freiwillige offene" Rücklagen, welchen das AktG. nicht anwendet, das vielmehr in § 131 B II der „gesetzlichen" Rücklage „andere (freie)" Rücklagen gegenüberstellt. Hier deutet die Bezeichnung nicht wie im AktG. die Ungebundenheit im Gegensatz zur Gebundenheit der gesetzlichen Rücklage an, sondern fälschlich die freiwillige im Gegensatz zur vorgeschriebenen Bildung. Denn wie an der angeführten Stelle des AktG. besser von freiwilligen Rücklagen gesprochen worden wäre, weil an jener Stelle von der Bindung nicht die Rede ist, so würde hier besser von freien Rücklagen gesprochen worden sein, weil gemeint ist, daß eigene Aktien nur den Gegenposten für freie Rücklagen bilden dürfen, und die Bildung gerade dieser Rücklagen im Hinblick auf die gegenwärtige Bestimmung nicht freiwillig ist, während es im übrigen bei der Umstellung der Gesellschaft freisteht, ob sie Rücklagen bilden will oder nicht. Die Ausdrucksweise der Bestimmung läßt sich nur durch den Zusammenhang mit § 5 Abs. 3 Satz 2 erklären, denn notwendigerweise sind die den eigenen Aktien gegenüberstehenden „freien" Rücklagen identisch mit denen des § 5 Abs. 3 Satz 2, welche eine Fortführung der bisherigen „freiwilligen" (und freien) Rücklagen sind. Das Wort „offene" stellt einen Pleonasmus dar, denn stille Reserven können schon an und für sich keine Gegenposten sein. Die Zweckmäßigkeit und innere Berechtigung der Vorschrift ist übrigens mehr als zweifelhaft. Warum muß der Wert eigener Aktien ungebundenes Vermögen bleiben und darf er nicht gebunden werden?

f) Eigene Aktien können aber auch nach § 8 eingezogen werden. Sie müssen eingezogen werden oder unbewertet bleiben, wenn bisher freiwillige offene Rücklagen nicht vorhanden waren, da sie in Zukunft nur als Gegenposten für freiwillige Rücklagen dienen können, die bisherigen aber die Höchstgrenze für die bei der Umstellung statthaften sind.

21. Auch für Schulden ist der Wert am Stichtag der Eröffnungsbilanz einzusetzen. Bei unverzinslichen Schulden können also Zwischenzinsen abgezogen werden. Bei Währungsschulden ist der Kurs des Bilanzstichtages maßgebend, auch wenn er niedriger ist als der Kurs am Entstehungstag der Schuld. (Anders bei der Jahresbilanz, siehe Anm. 16 zu § 133 AktG.; ebenda über Rückstellung für die Gewinnabgabe nach dem Gesetz über Abwertungsgewinne vom 23. Dez. 1936.)

22. Auch für Anleihen (Anm. 15 zu § 133 AktG.) gilt, daß sie mit dem Wert einzusetzen sind, der ihnen am Stichtag innewohnt. Ist der Rückzahlungsbetrag (siehe ebenda) höher als der Ausgabebetrag, so ergibt sich also, daß der Unterschied in einer Höhe, welche der restlichen Laufzeit der Anleihe entspricht, nicht eingesetzt zu werden braucht, er ist als Disagiokonto unter die Aktiven einzusetzen und gehört zu den Posten, die der Rechnungsabgrenzung dienen (§ 131 A IV).

23. Über die Zulässigkeit stiller Reserven äußert sich die Verordnung nicht. Sie ist (RGZ. 116 S. 199) für Goldbilanzen der deutschen Aktiengesellschaften im beschränkten Umfange (ebenda S. 133 unten) bejaht worden und ist zweifellos zu bejahen, soweit sie nur auf einer vorsichtigen — wenn auch sehr vorsichtigen — Schätzung beruht, die ja schon durch die Unbestimmtheit des vorgeschriebenen Wertmaßstabes (Teilwert) nahegelegt wird. Bewußte und willkürliche erhebliche Unterbewertungen hingegen sind unzulässig, erst recht die Einstellung erdichteter Verbindlichkeiten und Weglassung vorhandener Vermögensgegenstände. Es entsteht die Frage, ob sie die Bilanz nichtig oder nur anfechtbar machen. Für ersteres spricht, daß sie die zwingende Vorschrift des § 5 Abs. 3 Satz 1 und Satz 4 aus den Angeln heben können und insbesondere in einem — wenn auch versteckten — Widerspruch zu letzterer Vorschrift stehen; denn freiwerdende stille Rücklagen können, wenn bei der Eröffnungsbilanz geschaffen, ohne Gewinn zu sein, ausgeschüttet werden, ohne daß diese Herkunft der Ausschüttung bemerkbar wird. Dies widerspricht den Belangen der Gläubiger, für welche, wie wohl bemerkt sei, ohnedies besondere Vorschriften nicht erlassen sind. Nach RGZ. 115 S. 382, 116 S. 130, wo das Problem lediglich unter dem Gesichtspunkt des Aktionärsinteresses und nicht dem der Gläubigergefährdung gesehen wird, ist indessen die Eröffnungsbilanz wegen übermäßiger stiller Rücklagen nicht nichtig, sondern nur anfechtbar, sogar nur nach Maßgabe des § 198 Abs. 2 AktG. (früher § 271 Abs. 3 Satz 2 HGB.). Diese Meinung kann sich auch heute auf § 19 in Verbindung mit § 198 Abs. 2 AktG. berufen. Obwohl dabei über den Unterschied zwischen Eröffnungs- (Vermögens-) Bilanz und Jahres- (Ertrags-) Bilanz hinweggegangen wird, den auch RG. a. a. O. nicht berücksichtigt, ist dieser Meinung nach §§ 19 ff. beizupflichten. Es entscheidet folgende Erwägung: Der einzelne Gläubiger ist, auch wenn man Nichtigkeit der Eröffnungsbilanz annimmt, nicht in der Lage, sie geltend zu machen. Er hat daran auch kein Interesse, denn erkennt er seine Gefährdung, so tut er besser daran, seine Forderung beizutreiben. Jene Gläubiger, die diese Gefährdung nicht erkennen, haben nach § 21 einen Sachwalter in der Handelskammer, der ausdrücklich nur ein Recht zur Anfechtung gegeben ist. Was endlich die Aktionäre betrifft, so ist deren Interesse an einem hohen Grundkapital, beruhend auf einem möglichst hoch ausgewiesenen Reinvermögen, kein öffentliches und ist kein durchschlagender Grund zu erkennen, warum unter dem Gesichtspunkt des Aktionärsinteresses von der Anwendung der durch § 19 für anwendbar erklärten Vorschriften des § 198 Abs. 2 AktG. abgesehen werden müßte. Endlich ist nicht zu verkennen, daß § 22 auf eine schnelle Klärung hinzielt, die Nichtigkeit der Eröffnungsbilanz aber, da diese nicht eingetragen wird, dauernd geltend gemacht werden könnte.

24. Enthält die Eröffnungsbilanz Wertansätze, welche § 3 dadurch verletzen, daß sie zu hoch sind, oder gibt sie die Verbindlichkeiten zu niedrig an, so entsteht die Frage, ob sie nichtig oder bloß anfechtbar ist. Eine Gefährdung der Gläubiger tritt dadurch möglicherweise dann ein, wenn mit Hilfe dieser zu hohen Wertansätze ein nicht vorhandenes Vermögen ausgewiesen wird, welches nicht voll gebunden, sondern in Höhe der bisherigen freiwilligen Rücklagen zur Bildung neuer freier Rücklagen verwendet wird, während bei Ausweis eines geringeren Reinvermögens auch ungebundene freiwillige Rücklagen nur in geringerer Höhe gebildet werden könnten (siehe Anm. 3a zu § 5). Von diesem Fall abgesehen, kann eine Überschreitung der Wertansätze die Belange der vorhandenen Gläubiger nicht beeinträchtigen, weil es sich nicht, wie bei einer Erfolgsbilanz, um die Ermittlung eines verteilungsfähigen Gewinnes handelt und deshalb wegen des zu hohen Wertansatzes kein Vermögen die Gesellschaft verläßt. Dagegen können durch den Ausweis eines zu hohen Reinvermögens sowohl die künftigen Kreditgeber wie auch die künftigen Erwerber von Aktien geschädigt werden. Er gefährdet also das öffentliche Interesse. Das kurzbefristete Anfechtungsrecht der Handelskammer nach § 21 kann diese künftigen Interessenten nicht schützen. Hieraus ist zu folgern, daß eine derartige Eröffnungsbilanz und die darauf aufgebaute Umstellung unheilbar nichtig ist (§§ 19, 23, 26 in Verbindung mit § 195 AktG.), weil sie nicht eingetragen wird (§ 196 Abs. 2 AktG.). Ebenso für die Goldmarkeröffnungsbilanz der deutschen Aktiengesellschaft RGZ. 115 S. 382 und 120 S. 32 und S. 366.

25. **Die Wertansätze der Eröffnungsbilanz gelten für die künftigen Jahreserfolgsbilanzen als Anschaffungskosten,** dürfen also in diesen nicht mehr überschritten werden (§ 133 AktG.). Dieses ist folgerichtig, denn ein Erfolg der späteren Jahre darf nicht dadurch vorgetäuscht werden, daß man die Wertansätze der Eröffnungsbilanz wieder nach oben berichtigt.

§ 4.

(1) Für den dem Stichtag der Eröffnungsbilanz vorhergehenden Tag ist eine Schlußbilanz[1]) nach den bisher für Jahresbilanzen geltenden Vorschriften[2–7]) aufzustellen.

(2) Über diese Schlußbilanz und über die Entlastung der Verwaltungsträger soll zugleich mit der Eröffnungsbilanz beschlossen werden.[8])[9])

1. Die Eröffnungsbilanz ist der Ausgangspunkt für ein neues Leben und eine neue Erfolgsrechnung. Da sie eine Vermögens- und keine Erfolgsbilanz ist, also nach anderen Gesichtspunkten und Grundsätzen aufgestellt wird als die bisherige Jahresbilanz, so läßt sie einen Vergleich mit der letzten vorangegangenen Jahresbilanz nicht zu und kann sie die seither eingetretenen Veränderungen im Gesellschaftsvermögen, d. h. den geschäftlichen Erfolg in dem ihr vorangegangenen bilanzmäßig noch nicht erfaßten Lebensabschnitt, nicht ausweisen.

Aus diesem Grunde ist außer der Eröffnungsbilanz eine **Schlußbilanz** nach den bisher für Jahresbilanzen geltenden Vorschriften für den dem Stichtag der Eröffnungsbilanz vorhergehenden Tag auszuweisen.

2. Unter den für Jahresbilanzen geltenden Vorschriften sind jene über Gliederung, Bewertung, über die zur Aufstellung der Bilanz berufenen Organe, über Rechenschaftsbericht, über Auslegung der Bilanz, über die Verwendung des Reingewinns, insbesondere zur gesetzlichen Reserve, gemeint. In allen diesen Beziehungen gelten die bisherigen Vorschriften des österreichischen Rechts (vgl. § 12 2. EinfVO.) mit unerheblichen Abweichungen (daselbst). Für die Schlußbilanz besteht also kein Zwang zur Abschlußprüfung. Zuständig ist die Hauptversammlung. Sie stellt die Bilanz und den Gewinn fest und beschließt über seine Ausschüttung oder sonstige Verwendung (Anm. 6), ohne etwa daran gebunden zu sein, was der Vorstand ihr als verteilungsfähigen Gewinn zumißt. In gewissen Beziehungen gelten dagegen auch für diese Schlußbilanz nicht die bisherigen Vorschriften, sondern die Vorschriften dieser Verordnung, so, abgesehen von der vorliegenden Vorschrift selbst über ihren Stichtag, § 2 Abs. 2 und 3 über den Zeitraum, den die Erfolgsrechnung umspannen kann, § 2 Abs. 4 über die Fristen.

3. Ebenso gilt über die Währung, in der sie aufzustellen ist, § 1. Fällt der Tag vor dem Stichtag der Eröffnungsbilanz in die Zeit nach dem 4. August 1938, so ist auch die Schlußbilanz in Reichswährung aufzustellen, anderenfalls wäre sie nichtig. Fällt er auf den 31. März 1938, so muß sie in Schillingwährung aufgestellt werden, anderenfalls wäre sie nichtig. Auf einen früheren Tag kann sie nicht fallen, weil die Eröffnungsbilanz selbst nach § 2 Satz 1 frühestens für den 1. April 1938 aufgestellt werden kann. Wird dieser Stichtag gewählt, so ist also die Schlußbilanz in Schilling, die Eröffnungsbilanz in Reichsmark aufzustellen. Ist der Stichtag der Eröffnungsbilanz ein Tag nach dem 1. April 1938 und vor dem 5. August 1938, so stehen für die Schlußbilanz die Schilling- und die Reichsmarkwährung zur Wahl. Indessen dürfte aus den in Anm. 5 zu § 1 dargestellten Gründen anzunehmen sein, daß auch innerhalb dieses Zeitabschnittes nach dem 25. April 1938 allgemein zur Reichsmarkrechnung übergegangen worden ist, so daß eine Schlußbilanz in Schilling nur in Frage kommt, wenn der Stichtag noch vor dem 26. April 1938 liegt.

4. Für das Geschäftsjahr, in welches der Übergang zur neuen Währung fällt, entsteht der Buchhaltung die Schwierigkeit, daß die Konten in Schilling beginnen und in Reichsmark enden. Wenn die Schlußbilanz dieses Jahres, weil es nach dem 4. August 1938 endet, nach § 1 Abs. 2 in Reichsmark aufgestellt werden muß, so bleibt nichts anderes übrig, als die Konten zwischendurch nach Eintritt der neuen Währung unter Ansetzung der Bestände abzuschließen und in Reichsmark umzurechnen und die Bücher in Reichsmark weiterzuschreiben; das gilt von allen Konten, sowohl den Bestandskonten als den Konten für die

Aufwendungen und Erträge. Fällt der Bilanzstichtag vor den 4. August oder früher, so war auch eine Rückrechnung der nach dem 25. April 1938 ausschließlich statthaften Markeinnahmen und Markaufwendungen in Schilling nach dem Verhältnis von 2 zu 3 denkbar, obwohl sehr unbequem und nur praktisch, wenn das Geschäftsjahr etwa schon am 1. Mai zu Ende gegangen ist.

5. Das Geschäftsjahr, in welches die Währungsänderung fiel, braucht aber nicht das Geschäftsjahr zu sein, für welches die letzte Schlußbilanz nach den bisherigen Vorschriften gemäß § 4 aufzustellen ist und welches der Eröffnungsbilanz unmittelbar vorangeht. Da zwischen der Einführung der ausschließlichen Reichsmarkwährung (25. April 1938) und dem letzten möglichen Stichtag für die Eröffnungsbilanz (1. Januar 1940, § 2) mehr als ein volles Jahr liegt, kann vielmehr noch ein volles Geschäftsjahr zwischen jenes der Währungsänderung und den Stichtag der Eröffnungsbilanz gelegt werden, wenn das Geschäftsjahr, in das die Währungsänderung fiel, nicht nach dem 1. Januar 1938 begonnen hatte.

6. Wird aber als Stichtag der Eröffnungsbilanz ein Tag gewählt, der mitten in ein Geschäftsjahr fällt, und wird nach § 2 Abs. 2 oder 3 verfahren, d. h. der bis dahin abgelaufene Teil des laufenden Geschäftsjahres zum vorangegangenen Geschäftsjahr geschlagen, so kommt es gleichfalls darauf an, ob der Stichtag der Eröffnungsbilanz vor oder nach dem 5. August 1938 liegt, letzterenfalls muß die Schlußbilanz in Reichsmark aufgestellt werden. Wenn die Bücher für das vorangegangene Geschäftsjahr schon in Schilling abgeschlossen waren, wird daher von der Möglichkeit, dem vorangegangenen Geschäftsjahr jenes Stück des laufenden zuzuschlagen, welches vor dem Stichtag der Eröffnungsbilanz liegt, wohl kaum Gebrauch gemacht werden.

7. Was die Schlußbilanz als Reingewinn ergibt, kann unter Berücksichtigung der gesetzlichen Rücklage ausgeschüttet und unter die Aktionäre verteilt werden (vgl. Anm. 3 zu § 54 AktG.). Das gleiche gilt von den vorhandenen freien Rücklagen. Dagegen ist eine Kapitalerhöhung oder Herabsetzung anläßlich der Beschlußfassung über die Schlußbilanz nicht möglich (§ 14 Abs. 1 2. EinfVO.).

8. Die nach den bisherigen Vorschriften geltenden Fristen für die Aufstellung der Jahresbilanz sind durch Abs. 2 außer Kraft gesetzt; denn da nach § 2 Abs. 4 für die Eröffnungsbilanz die Frist bis zu neun Monaten verlängert worden ist, ergibt sich das gleiche für die Schlußbilanz, da anderenfalls der Vorschrift des Abs. 2 nicht genügt werden könnte, ohne auf die von § 2 Abs. 4 gewährte Fristverlängerung zu verzichten. Es ist nicht anzunehmen, daß der Gesetzgeber in Abs. 2 der vorliegenden Vorschrift zurücknehmen wollte, was er in § 2 Abs. 4 zugestanden hat.

9. Für die Frist, innerhalb deren die Schlußbilanz dem Aufsichtsrat vorzulegen und innerhalb deren über sie und über die Entlastung Beschluß zu fassen ist, ergibt § 4 mittelbar, daß dafür die Fristverlängerung gilt, welche für die Eröffnungsbilanz gewährt worden ist.

Abschnitt II.

Umstellung der Kapitalgesellschaften.

Artikel 1.

§ 5.

(1) Aktiengesellschaften, Kommanditgesellschaften auf Aktien und Gesellschaften mit beschränkter Haftung haben ihr Grundkapital oder Stammkapital (Nennkapital) und ihre Aktien oder Geschäftsanteile (Anteile) in Reichsmark neu festzusetzen (Umstellung).[1][8])

(2) Das neue Nennkapital ist in Höhe des Betrags des bei der Aufstellung der Eröffnungsbilanz nach Abzug der Schulden sich ergebenden Vermögens festzusetzen,[2]) soweit der Betrag nicht in Rücklage gestellt wird.[3])

(3) Den Betrag des nach Abzug der Schulden sich ergebenden Vermögens, der nicht für die Festsetzung des Nennkapitals in Anspruch genommen, sondern in Rücklage gestellt wird, haben Aktiengesellschaften und Kommanditgesellschaften auf Aktien der gesetzlichen Rücklage,[3b]) Gesellschaften mit beschränkter Haftung einer besonderen Rücklage zuzuweisen, die nur zum Ausgleich von Wertminderungen und zur Deckung von sonstigen Verlusten verwendet werden darf. Dies gilt nicht, soweit der Betrag nötig ist, um freiwillige offene Rücklagen, die in der Schlußbilanz ausgewiesen sind, in angemessener Höhe fortzuführen.[3a])

(4) Die Gesellschafter[7]) dürfen auf Grund der Umstellung keine Zahlungen erhalten und von der Verpflichtung zur Leistung von Einlagen nicht befreit werden;[4]) die §§ 56, 84, 85 und 99 des Aktiengesetzes und die §§ 25, 27, 33 und 83 des Gesetzes über Gesellschaften mit beschränkter Haftung sind sinngemäß anzuwenden.

1. Die **„Umstellung“** ist wohl zu unterscheiden von dem bloß bilanzmäßigen Ansatz des Schillinggrundkapitals in Reichsmark, nach § 1 Abs. 3. Bei letzterem handelt es sich nur um eine Bezifferung des Grundkapitals in der Bilanz; die Umstellung nach § 5 hingegen ist eine **Rechtsänderung**, die darin besteht, daß die Ziffer des gebundenen Gesellschaftskapitals und entsprechend der Nennbetrag der Aktien und die damit verbundene Einlageberechtigung neu festgesetzt wird. Dies geschieht durch eine **Satzungsänderung**, für welche ein Beschluß der Hauptversammlung notwendig ist

und die im Handelsregister einzutragen ist, um wirksam zu werden. Für den Beschluß der Hauptversammlung gelten erleichterte Vorschriften (§ 13). Der künftige Nennbetrag des Gesellschaftskapitals und der gesellschaftliche Anteil (Aktie bezw. Geschäftsanteil) muß **auf Reichsmark** lauten. Es ist nicht nur die Schillingwährung, sondern auch jede fremde Währung ausgeschlossen. Umstellungsbeschluß und Beschluß über die Eröffnungsbilanz sind untrennbar (siehe Anm. 20 c zu § 3).

Besondere Vorschriften sind für die Umstellung solcher Gesellschaften zu erwarten, welche tilgbare Aktien ausgegeben haben.

2. a) Die **Höhe des neuen Nennkapitals** ist nach oben nicht durch die bisherige Grundkapitalziffer, sondern nur durch das vorhandene Reinvermögen begrenzt, welches von der Eröffnungsbilanz nach den Bewertungsgrundsätzen des § 3 ausgewiesen wird. Es bedarf also, um über die bisherige Ziffer hinauszugehen, nicht eines besonderen Kapitalerhöhungsbeschlusses, geschweige der Zeichnung von Aktien, wenn der Betrag des vorhandenen Vermögens hinreicht, um die höhere Kapitalziffer zu decken (anders natürlich, wenn die Ziffer des vorhandenen Vermögens überschritten werden soll; dann ist eine Kapitalerhöhung und Zuführung neuen Vermögens durch neue Einlage erforderlich). Auch nach § 5 GoldBVer. vom 28. Dezember 1923 (RGBl. I S. 1253) war möglich, insoweit das vorhandene Reinvermögen reichte, die bisherige Grundkapitalziffer zu überschreiten. Ebenso kann bei der Umwandlung einer Kapitalgesellschaft aus einer Rechtsform in eine andere nach §§ 257, 263 (siehe Anm. 6 daselbst), 269 AktG. das Gesellschaftskapital höher als bisher festgesetzt werden (bestritten). Dies beweist, daß das Verbot der Aktien ohne Einlage (siehe Anm. 8 zu § 1 AktG.) nicht dahin zu verstehen ist, daß die Einlage in neu zugeführten Vermögenswerten bestehen müßte (siehe Anm. I, 1 zu § 150 AktG. und Godin, ArchZivPr. Bd. 145 S. 69: „Ist die Ausgabe von Gratisaktien eine Gewinnausschüttung?").

b) Ebenso kann umgekehrt die neue Kapitalziffer auch niedriger als der Betrag des von der Eröffnungsbilanz ausgewiesenen Reinvermögens und trotz höheren Vermögens auch niedriger als die bisherige Kapitalziffer gewählt werden, ohne daß nach unten — von § 9 und der Anfechtungsmöglichkeit wegen vermeidbarer unbilliger Härten gemäß § 20 abgesehen — eine Grenze bestünde, und ohne daß ein besonderer Kapitalherabsetzungsbeschluß gefaßt zu werden braucht. (Über die Wirkung einer Ermäßigung der Kapitalziffer auf den Nennbetrag und die Zahl der Aktien siehe § 9.) Es ist aber nicht zulässig, den Überschuß des Vermögens über die neue Kapitalziffer unter die Aktionäre zu verteilen oder sonst auszuschütten. Es sind vielmehr daraus Rücklagen zu bilden (siehe Anm. 3), es sei denn, daß das Verfahren über die Kapitalherabsetzung (besonderer eintragungsbedürftiger satzungsändernder Kapitalherabsetzungsbeschluß mit getrennter Abstimmung bei verschiedenen Aktiengattungen, Erfüllung der Gläubigerschutzvorschriften) beobachtet wird.

c) Daß die Kapitalziffer nach unten, abgesehen von § 9, nicht begrenzt sei, bedarf einer Einschränkung, die sich freilich nicht unmittelbar aus dem Gesetz ergibt. Bestanden verschiedene Aktiengattungen, so dürfen durch die Herabsetzung die Rechte der einen nicht gekränkt werden. Dies ergibt sich, wenn nicht aus § 6, aus allgemein gesellschaftsrechtlichen Grundsätzen. Wenn also **Vorzugsaktien** bestehen, welche bei der Verteilung des Gesellschaftsvermögens vorberechtigt sind, so ist es unzulässig, trotz eines die bisherige Gesamtkapitalziffer deckenden Reinvermögens das neue Vorzugskapital geringer festzusetzen. (Beispiel: Bisheriges Grundkapital und Reinvermögen 1 000 000 RM, davon 300 000 RM Vorzugsaktien. Es ist unzulässig, das neue Kapital auf 800 000 RM festzusetzen und in Höhe von 200 000 RM eine Rücklage zu bilden und dabei auch das vorberechtigte Vorzugsaktienkapital zu ermäßigen. Dies wäre auch dann nicht zulässig, wenn das Vorrecht 125 v. H. betragen würde, so daß bei der Verteilung des Gesellschaftsvermögens ein dem ursprünglichen Nennbetrag gleichkommender Betrag auf die etwa — wie die anderen Aktien — im Verhältnis von 4 zu 5 ermäßigten Vorzugsaktien entfallen würde, denn es kann den Vorzugsaktionären nicht zugemutet werden, das ihnen bei der Verteilung zustehende Aufgeld sich sozusagen selbst aus dem Fleisch zu schneiden.) Es müssen vielmehr in einem solchen Falle die Vorzugsaktien von der der Herabsetzung der Kapitalziffer entsprechenden Ermäßigung des Aktiennennbetrages ausgenommen werden, so daß die Stammaktien, und zwar diese entsprechend stärker, herabzusetzen sind. Ein hiergegen verstoßender Umstellungsbeschluß wäre zwar nicht nichtig, aber anfechtbar (§§ 19, ferner 198 AktG.).

d) Das Gesetz gedenkt nicht der etwaigen *Einlage des persönlich haftenden Gesellschafters einer Kommanditgesellschaft a. A.* Da in Österreich diese Rechtsform nur einmal vertreten ist, kann im Rahmen dieser kurzen Erläuterungen von dieser Frage abgesehen und sie einer Sonderbehandlung vorbehalten bleiben.

3. Der **Überschuß des Reinvermögens** über die neugewählte Kapitalziffer *darf nicht unter die Aktionäre verteilt oder sonst ausgeschüttet werden* (Abs. 4), *vielmehr sind in Höhe dieses Überschusses Rücklagen zu bilden.*

a) *Höchstens* („fortzuführen") *bis zur Höhe der bisherigen* in der Schlußbilanz ausgewiesenen freien Rücklagen können aus dem Überschuß wieder freie Rücklagen gebildet werden, aber auch innerhalb dieser Grenze *nur insoweit dies „angemessen" ist.* Was der Gesetzgeber als angemessen erachtet, wird nicht einmal angedeutet. Es ist anzunehmen, daß das Gesetz den Fall im Auge hat, daß die neue Kapitalziffer geringer als die bisherige ist. In diesem würde es nicht angemessen sein, das freie ungebundene Vermögen in voller Höhe beizubehalten und trotzdem den Aktionären ein Opfer am Nennbetrag oder gar etwa an der Zahl ihrer Aktien zuzumuten. Aber noch nach einem weiteren Gesichtspunkt wäre es in einem solchen Fall unangemessen, die bisherigen freien Rücklagen in voller Höhe beizubehalten, wenn das gesamte aus neuem Grundkapital und der neuen gesetzlichen Rücklage bestehende neue gebundene Vermögen geringer als vorher ist. Denn außer auf die Aktionäre ist auch — und sogar in erster Linie — auf die Gläubiger Rücksicht zu nehmen. Da nach § 130 Abs. 2 AktG. freie Rücklagen nicht ausschließen, daß die gesetzliche Rücklage dazu verwandt wird, einen Verlust zu decken, wird man, wenn ein solcher entstanden ist, nicht so weit gehen können, zu sagen, daß das aus neuem Grundkapital und neuer gesetzlicher Rücklage bestehende neue gebundene Vermögen ebenso hoch sein müsse als bisher die Summe des Grundkapitals und der gesetzlichen Rücklage, bevor an die Bildung einer freien Rücklage gedacht werden könne; aber letztere erscheint im Hinblick auf die Interessen der Gläubiger, denen ja bei der Umstellung ein besonderer Schutz nicht gewährt wird, dann als unzulässig, weil unangemessen, wenn das neue gebundene Vermögen nicht einmal an das bisherige Grundkapital heranreicht oder wenn kein Verlust entstanden war, der die bisherige gesetzliche Rücklage aufwiegt. Werden die bisherigen freien Rücklagen überschreitende oder sonst unangemessen hohe freie Rücklagen gebildet, so spielt zwar das Gläubigerinteresse erheblich herein, weil das gebundene Vermögen für die Gläubiger eine erheblich größere Sicherheit als die freien Rücklagen gewährt, trotzdem machen die zu hohen freien Rücklagen Eröffnungsbilanz und Umstellungsbeschluß nicht ohne weiteres nichtig, sondern nur anfechtbar. Es gilt ohne weiteres, was in Anm. 23 zu § 3 ausgeführt ist; außerdem kommt hinzu, daß zu hohe offene Rücklagen leicht feststellbar sind, so daß ein Verstoß gegen die Vorschrift leicht und schnell, also insbesondere innerhalb der für die Anfechtung geltenden kurzen Frist, geltend gemacht werden kann. Aktionäre können darauf eine Anfechtungsklage nach § 19 in Verbindung mit § 198 Abs. 2 AktG. nur stützen, wenn ihre Anteile zusammen den zwanzigsten Teil des Grundkapitals erreichen; es kommt also hauptsächlich die Anfechtung der Handelskammer (§ 21) in Betracht.

Auch hier wird von freiwilligen „offenen" Rücklagen gesprochen. Das Wort „offene" weist hier darauf hin, daß „stille" Reserven in der Schlußbilanz nicht fortgeführt werden dürfen (vgl. Anm. 23 zu § 3), daß vielmehr das gesamte vorhandene Reinvermögen gebundenes Vermögen in Gestalt von Grundkapital oder gesetzlicher Rücklage werden muß, soweit es sich nicht um eine angemessene Fortführung bisheriger freier offener Rücklagen handelt.

Freie offene Rücklagen müssen gebildet werden mindestens in Höhe des Wertansatzes für die im Besitz der Gesellschaft befindlichen eigenen Aktien (auch Aktien, die ein Dritter für Rechnung der Gesellschaft erworben hat, Aktien eines abhängigen Unternehmens, Anm. 20 zu § 3). Da höhere freie offene Rücklagen bei der Umstellung nicht gebildet werden dürfen, als einer angemessenen Fortführung der bisherigen entspricht, kann es sein, daß eigene Aktien überhaupt nicht bewertet werden dürfen. Die Vorschrift ist nicht einleuchtend.

b) Der gesamte Überschuß des Reinvermögens über die neue Grundkapitalziffer ist im übrigen bei Aktiengesellschaften der **gesetzlichen Rücklage** zuzuweisen, und zwar auch dann, wenn er höher als 10 v. H. des neuen Grundkapitals ist. Die gesetzliche Rücklage darf nach § 130 Abs. 3 AktG. nur zum Ausgleich von Wertminderungen und zur Deckung von sonstigen Verlusten verwendet werden.

4. **Der Anspruch der Gesellschaft auf ausstehende Einlagen** bleibt, auch wenn er nicht etwa zum vollen Nennbetrag in der Eröffnungsbilanz eingesetzt war, doch in voller Höhe bestehen. Die Gesellschafter dürfen anläßlich der Umstellung nicht von der Verpflichtung zur Leistung von Einlagen befreit werden. Ein Erlaß ist nichtig und macht Eröffnungsbilanz und Umstellung nichtig, wenn er hierbei berücksichtigt worden ist.

5. Ebensowenig dürfen auf Grund der Umstellung **Zahlungen an die Aktionäre** geleistet werden, was sich übrigens schon aus Abs. 3 Satz 1 ergibt; aus dieser Vorschrift und Abs. 4 ergibt sich auch, daß nicht etwa ein Teil des Reinvermögens dazu verwendet werden darf, um Kapitalforderungen der Gesellschafter gegen die Gesellschaft zu begründen und sie mit solchen in den Büchern der Gesellschaft zu erkennen. Eine Zahlung an die Aktionäre würde wie eine verbotene Rückzahlung von Einlagen gemäß §§ 56, 84, 99 AktG. (siehe Erl. hierzu) zu behandeln, also nicht nur zurückzugeben sein, sondern auch eine unmittelbare Haftung der Aktionäre in Höhe des Empfangenen gegenüber den Gesellschaftsgläubigern und eine Haftung des Vorstandes und des Aufsichtsrats gegenüber der Gesellschaft und ihren Gläubigern begründen. Eine Gutschrift zugunsten der Aktionäre wäre nichtig.

6. Die Vorschrift verbietet nur Zahlung und Erlasse von Einlageverpflichtungen auf Grund der Umstellung. Dagegen ist eine Verbindung der Umstellung mit einer besonders zu beschließenden Kapitalherabsetzung des umgestellten Kapitals nicht ausgeschlossen (siehe oben Anm. 2 b). Erweist sich also bei der Umstellung das Gesellschaftsvermögen als zu groß für die Zwecke der Gesellschaft und besteht aus diesem Grunde der Wunsch, Kapital an die Gesellschafter zurückzuzahlen oder eine Einlageverpflichtung zu erlassen, so ist zunächst das neue Grundkapital auf Grund des vorhandenen Reinvermögens neu festzustellen und eine Herabsetzung des umgestellten Kapitals zu beschließen und einzutragen. Wenn es sich nicht um einen Erlaß der Einlageverpflichtung handelt, sondern um eine Vermögensausschüttung, so kann diese einfacher unter Umständen nach Anm. 7 zu § 4 zulässig sein.

Das auf eine solche Kapitalherabsetzung anzuwendende Recht ist zweifellos das AktG., wenn zur Zeit des Umstellungsbeschlusses der Beschluß über die Anpassung der Satzung schon eingetragen ist. Die erleichterten Vorschriften des § 13 gelten für diesen Beschluß nicht. Maßgebend ist also für die erforderliche Mehrheit § 175 Abs. 1 und 2 des AktG., ferner § 177 AktG. über das Erfordernis der Eintragung und die Wirksamkeit des Beschlusses usw. Zweifelhaft ist aber, welches Recht anzuwenden ist, wenn der Beschluß über die Anpassung der Satzung erst gleichzeitig mit dem Umstellungs- und dem Kapitalherabsetzungsbeschluß zur Eintragung angemeldet wird (§ 16); vgl. hierüber Anm. 1 zu § 13.

7. Wegen der Rückzahlung der Einlage des persönlich haftenden Gesellschafters gilt auch hier so wie oben das unter 2d Gesagte.

8. Für das Zustandekommen des Umstellungsbeschlusses gilt § 13; zu seiner Wirksamkeit bedarf er der Eintragung (§ 15).

§ 6.

Das Verhältnis[1][2] der mit den Anteilen[4] verbundenen Rechte[1][3] zueinander wird durch die Umstellung nicht berührt.

1. Die mit dem Gesellschaftsanteil verbundenen Rechte sind die Herrschaftsrechte, also das Stimmrecht und die Vermögensrechte, also insbesondere die Rechte auf den Anteil am Reingewinn, auf die Teilnahme an der Ausschüttung des Vermögens nach Auflösung der Gesellschaft und Abwicklung ihres Unternehmens und das Bezugsrecht bei Ausgabe junger Aktien. Regelmäßig haben alle Aktionäre in allen diesen Hinsichten verhältnismäßig, d. h. im Verhältnis des Nennbetrages ihrer Aktien, gleiche Rechte, **dabei hat es auch bei und nach der Umstellung sein Bewenden.**

2. Es kann aber auch sein, daß **Unterschiede zwischen Aktiengattungen** bestehen, von denen die eine gegenüber der anderen, sei es hinsichtlich des Stimmrechts, sei es hinsichtlich der Teilnahme am Reingewinn oder bei der Vermögensausschüttung, mit Vorrechten ausgestattet ist (§ 224 Abs. 2 AHGB., §§ 43, 26 AktReg.). Die Vorschrift besagt diesbezüglich, daß auch an dem Verhältnis der Aktiengattungen untereinander in keiner dieser Hinsichten durch die Umstellung etwas geändert wird.

a) Für das **Stimmrecht** folgt zunächst daraus, daß Mehrstimmrechtsaktien ihr Mehrstimmrecht behalten (bis sie nach § 10 2. EinfVO. diesen Vorzug verlieren).

Wenn gemäß § 43 AktReg. nur mehrere Aktien zusammen ein Stimmrecht haben, so kann es dabei freilich nicht bleiben, weil es zwingende Vorschrift des AktG. ist, daß jede Aktie ein Stimmrecht hat (§ 114 AktG.). Dies ist aber mehr eine Frage der Anpassung der Satzung an das AktG. als eine Frage der Umstellung.

Bestimmt die Satzung, daß die Zahl der einem einzelnen Aktionär zustehenden Stimmen durch die Festsetzung eines Höchstbetrages oder durch die Bestimmung von Abstufungen beschränkt sei, wird daran durch die Umstellung nichts geändert.

b) Bestand der Unterschied der Gattung darin, daß die Aktien der einen Gattung ein **Vorrecht bei der Gewinnverteilung oder bei der Vermögensausschüttung** hatten, so bleibt ihnen dieses Vorrecht auch bei der Umstellung erhalten. Die Vorschrift gilt mehr der Aufrechterhaltung des bisherigen Verhältnisses der verschiedenen Gattungen untereinander als seiner Auswirkung bei der Umstellung; für die letztere gilt nur § 20, aus dem sich ergibt, daß vermeidbare unbillige Härten zu vermeiden sind. Danach ist zu beurteilen, wie derartige Aktien mit Vorrecht bei der Vermögensausschüttung bei der Umstellung selbst zu behandeln sind. Meist ist ein solches Vorrecht auch mit einer Beschränkung in dem Sinne verbunden, daß auf die bevorrechtigten Aktien bei der Vermögensausschüttung nur der Nennwert und ein geringes Aufgeld entfällt. Welchen Einfluß hat dies bei der Umstellung dann, wenn das Reinvermögen eine Erhöhung der Kapitalziffer, also die zusätzliche Ausgabe neuer Aktien oder eine Erhöhung des Nennwertes der Aktien gestattet? Es ist anzunehmen, daß die Vorzugsaktien an diesem Überschuß nicht teilnehmen, wenn sie bei der Ausschüttung auf die Teilnahme bis zu einem bestimmten Betrag beschränkt sind. Dann würde eine angesichts der vorliegenden Bestimmung unzulässige Besserstellung der Vorzugsaktien gegenüber dem Zustand vor der Umstellung darin liegen, daß ihnen eine Nennwerterhöhung oder ein Bezug zusätzlicher Aktien gestattet wird, während ihr Vorrecht bei der Ausschüttung dadurch nicht geschmälert wird, daß ihr Nennwert trotz Erhöhung des Nennbetrages des Grundkapitals beibehalten wird. Wenn umgekehrt bei unzulänglichem Reinvermögen eine Ermäßigung der Kapitalziffer notwendig ist, die eine Ermäßigung des Nennwertes der Aktien oder eine Zusammenlegung der Aktien mit sich bringt, so wirft sich die Frage auf, ob die Vorzugsaktien auf Grund ihres Vorwegbefriedigungsrechtes voll erhalten bleiben müssen und die anderen Aktien um so stärker zu ermäßigen oder zusammenzulegen sind, oder ob auch die Vorzugsaktien von der Ermäßigung oder Zusammenlegung betroffen werden. Würde die Gesellschaft nicht umgestellt, sondern nach § 36 aufgelöst, so würden die Vorzugsaktien von der Unzulänglichkeit des Gesellschaftsvermögens infolge ihres Vorwegbefriedigungsrechtes insolang nicht berührt, als das Vermögen ausreicht, um ihren bevorrechtigten Anteil zu befriedigen. Es liegt daher nahe, anzunehmen, daß die Vorzugsaktien gedachtenfalls nicht zusammengelegt oder nennwertmäßig herabgesetzt werden dürfen. Aber es ist doch etwas anderes, wenn die Gesellschaft als werbendes Unternehmen weiter bestehen bleibt. Es ist nicht erträglich, daß in diesem Falle die anderen Aktionäre um der Vorzugsaktionäre willen ins Leere fallen sollen. Darin läge vielmehr eine vermeidbare und darum nach § 20 zu vermeidende unbillige Härte. Die Vorzugsaktien werden daher von der Ermäßigung oder Zusammenlegung mitbetroffen, aber es wird ihnen zum Ausgleich satzungsmäßig ein erhöhtes Vorwegbefriedigungsrecht einzuräumen sein. Unbefriedigend ist, daß sie gegen eine Benachteiligung sich durch Anfechtung nach § 20 Abs. 2, wenn sich ihrer nicht ein Vorstands- oder Aufsichtsratsmitglied (§ 20 Abs. 1) oder die Handelskammer (wegen Verstoßes gegen die guten Sitten, § 21) annimmt, nur zur Wehr setzen können, wenn die anfechtende Gruppe 5 v. H. des Grundkapitals besitzt. Die Anfechtung kann dann zu einer Änderung der von dem Umstellungsbeschluß vorgesehenen Regelung durch das Gericht führen (§ 22 Anm. 4). Durch das Erfordernis getrennter Abstimmung der verschiedenen Gattungen sind hier die Vorzugsaktien nicht geschützt (§ 13 Abs. 2).

Wenn aber anläßlich der Umstellung das bisherige Verhältnis der Aktiengattungen für die Zukunft geändert werden soll, so kann dies nur nach den hierfür geltenden Vorschriften, insbesondere durch einen mit getrennter Abstimmung der Gattungen gefaßten eintragungsbedürftigen Beschluß, geschehen.

3. Daß **Nebenleistungen** im Sinne des § 30 AktReg. durch die Umstellung nicht berührt werden, dürfte selbstverständlich sein.

4. Das Gesetz schweigt über die **Genußscheine**. Jedoch ist eine Regelung der Rechte der Genußscheine bei der Umstellung in Vorbereitung. *Die nachstehenden Ausführungen können daher nur mit dem Vorbehalt abweichender gesetzlicher Regelung gelten.* Ihnen ist vorauszuschicken, daß auch für sie, soweit es sich um Genußscheine gesellschaftlicher Natur handelt, wegen ihres künftigen Verhältnisses zu den Aktien § 6, was aber die Berücksichtigung ihrer Rechte bei der Gestaltung der Umstellung betrifft, §§ 20, 21 entsprechend anwendbar sind. Ein Stimmrecht beim Umstellungsbeschluß (§ 13 Abs. 2) und eine eigene Anfechtungsbefugnis haben sie nicht.

a) § 33 Ziff. 3 AktReg. kennt nur die stimmberechtigten Genußscheine, welche an Stelle eingelöster Aktien getreten sind und noch einen Anteil an dem Teil des Reinvermögens und dem Teil des Überschußvermögens gewähren, welcher nach der Vorausschüttung eines satzungsmäßig bestimmten Gewinnanteils an die Aktionäre bezw. nach Vorbefriedigung des Nennbetrages der Aktien verbleibt. Diese Genußscheine haben die Natur von Gesellschaftsrechten. Sie sind nicht zu bilanzieren (sowenig wie der Anspruch der Aktionäre auf das über ihren Nennwert hinaus vorhandene Vermögen), sie haben keinen Nennwert mehr, können also nennwertmäßig nicht heruntergesetzt werden. Gleichwohl kann die Umstellung eine erhebliche Wirkung für sie haben. Ist das Reinvermögen so groß, daß die Grundkapitalziffer erhöht werden kann, so würden die Genußscheininhaber benachteiligt, wenn ihnen nicht gleichfalls ein Anteil an der Kapitalvergrößerung gewährt würde. Denn an dem für diese Zwecke neu gebundenen Betrag würden sie ohne die Erhöhung bei der Auflösung beteiligt gewesen sein, während er infolge der Umstellung zugunsten der Aktionäre für sie ganz verlorenginge, wenn sie nicht — und zwar gleichfalls in Aktien — daran beteiligt würden. Umgekehrt würde eine Ermäßigung der Kapitalziffer zur Folge haben, daß Reingewinne entstehen können, die ohne die Umstellung nie entstanden wären, oder ein Überschuß des Gesellschaftsvermögens über das Grundkapital, welcher ohne die Umstellung bei Beibehaltung der bisherigen Kapitalziffer nicht vorhanden gewesen wäre. An diesem Reingewinn und Überschuß würden nun die Genußscheininhaber teilhaben, während ohne die Umstellung dieser Betrag ausschließlich den Aktionären zugefallen wäre. Diese Folge kann allerdings nicht durch den Umstellungsbeschluß selbst, sondern nur durch eine daneben beschlossene Satzungsänderung beseitigt werden. Eine solche ist erforderlich, weil nach § 33 Ziff. 3 AktReg. die Rechte der Genußscheininhaber in der Satzung festzulegen waren. Die Genußscheine können ihr Stimmrecht nicht behalten, weil das AktG. stimmberechtigte Genußscheine nicht kennt.

b) Außer Genußscheinen nach § 33 Ziff. 3 AktReg. gibt es Genußscheine, welche nur am Reingewinn teilnehmen. Für diese gilt folgendes: Eine Erhöhung des Kapitals kann unter Umständen die Rechte solcher Genußscheine verkürzen. Abzusehen ist zunächst von dem Vermögensüberschuß, der in Grundkapital umgewandelt wird, denn an diesem waren derartige Genußscheine, die nur am Jahresgewinn beteiligt sind, nicht beteiligt. Dagegen kann sich ergeben, daß der auf sie entfallende Gewinn geringer wird. Dies ist nicht der Fall, wenn ihnen ein bestimmter Teil des Gesamtgewinnes zustand, wohl aber wenn ein Prozentsatz des Kapitals vorweg an die Aktionäre auszuschütten ist, oder wenn der Gewinnanteil des einzelnen Genußscheininhabers in einem bestimmten Verhältnis zu dem Gewinnanteil der einzelnen Aktien steht.

Haben die Genußscheinrechte gesellschaftliche Natur, wie jene nach § 33 Ziff. 3 AktReg., so werden die Genußscheininhaber eine solche Schmälerung durch den Umstellungsbeschluß in Kauf nehmen müssen, wenn ihnen nicht nach den für diesen Fall entsprechend anzuwendenden Vorschriften der §§ 20 Satz 1, 21 geholfen wird. Haben sie aber die Natur eines Gläubigerrechts (wie regelmäßig die Genußscheine deutschen Rechts), so brauchen die Genußscheininhaber sich diese Schmälerung nicht gefallen zu lassen und muß eine Verständigung mit ihnen versucht werden, was regelmäßig schon wegen der Verstreutheit des Besitzes schwierig ist. Eine Ermäßigung der Kapitalziffer kommt derartigen Genußscheinrechten immer zustatten. Handelt es sich um Genußscheinsrechte gesellschaftlicher Natur, so kann dies durch Satzungänderung verhindert werden, handelt es sich aber um Gläubigerrechte, so kann die Gesellschaft nicht einseitig durch Satzungsänderung eine dem Genußscheininhaber günstige Folge der von ihr beschlossenen Umstellung hindern.

c) Genußscheine mit bestimmten Nennwert, welche an die Stelle von Gläubigerforderungen getreten und aus dem Reinvermögen oder dem Überschuß des Gesellschaftsvermögens über die Grundkapitalziffer zu tilgen sind und deshalb gleichfalls nicht bilanzierbar sind, sind bei einer Erhöhung des Grundkapitals vorweg zu tilgen, auch wenn für ihre Tilgung nur ein bestimmter Prozentsatz des Jahresgewinnes zu verwenden ist, denn es handelt sich hier nicht um einen Jahresgewinn, sondern um die Zuwendung von Vermögen an die Aktionäre, das im Falle der Auflösung für die Tilgung der Genußscheine hätte verwendet werden müssen; es kann nicht sein, daß die Gesellschaft ihnen diesen Gegenstand ihrer Befriedigung dadurch entziehen kann, daß sie ihn bei der Umstellung in Grundkapital verwandelt. Im Falle der Ermäßigung der Grundkapitalziffer zeigt sich auch hier, daß Gewinne entstehen können, die ohne die Umstellung nicht entstanden wären und zur Auffüllung des Grundkapitals hätten dienen müssen, also den Genußscheininhabern nicht zugute gekommen wären; man wird hier aber gleichwohl sagen müssen, daß dieses Ergebnis nicht unbefriedigend ist, weil die durch die Ermäßigung der Grundkapitalziffer begründeten Gewinnaussichten den Aktionären auf die Dauer nicht geschmälert, sondern nur hinausgeschoben werden, wenn die Genußscheingläubiger rascher befriedigt werden; keinesfalls kann die Gesellschaft einseitig durch Satzungsänderung diese den Genußscheingläubigern günstige Folge ihrer Umstellung ausschließen.

Ähnlicherweise gibt es auch Genußscheine, welche (abgesehen vom Jahresgewinn) am Reinvermögen schlechthin beteiligt sind (nicht nur an dem nach Abzug der Grundkapitalziffer verbleibenden Überschuß). Für diese ist sowohl Erhöhung wie Ermäßigung der Grundkapitalziffer belanglos.

Endlich gibt es solche, für welche Einlagen zum Zwecke der Kapitalbeschaffung (nicht Deckung eines Verlustes) entrichtet und welche deshalb zu bilanzieren sind. Diese nehmen an der Ermäßigung des Grundkapitals unmittelbar teil, an der Erhöhung nach Maßgabe der Rechte, mit denen sie ausgestattet sind.

§ 7.

Anteile, auf die die Einlagen nicht in voller Höhe geleistet sind, gelten im Verhältnis der Anteile der Gesellschaft zueinander für die Umstellung als voll eingezahlt.[2][3]) Der Anspruch der Gesellschaft auf die ausstehenden Einlagen bleibt unberührt.[1])

Die Gesetzesstelle enthält ein Doppeltes:

1. daß der Anspruch der Gesellschaft auf die ausstehende Einlage unberührt bleibt, wie schon § 5 Abs. 4 ergibt. Die Einlageforderung wandelt sich zwar aus einer Schillingforderung in eine Markforderung nach dem Verhältnis von 3 zu 2 um, im übrigen aber berührt sie die Umstellung nicht, das heißt aber nicht, daß die Einlageforderung auch nach ihrem Nennwert in die Sollseite der Eröffnungsbilanz aufgenommen werden muß, vielmehr gilt auch für sie der Grundsatz, daß sie zum Teilwert anzusetzen ist.

2. daß Aktien, welche nicht voll bezahlt sind, aber nach dem Vorgesagten trotz der Umstellung voll bezahlt werden müssen, nicht anders umzustellen sind als die voll bezahlten. Es entscheidet also für den Nennwert, mit dem die Aktien aus der Umstellung hervorgehen, nicht das Verhältnis der Einzahlung; Aktien, welche vor der Umstellung gleichen Nennwert hatten, müssen, ohne Rücksicht darauf, ob sie voll bezahlt sind oder nicht, auch mit dem gleichen Nennwert wieder aus der Umstellung hervorgehen. Dabei macht es keinen Unterschied, ob die Grundkapitalziffer ermäßigt oder heraufgesetzt wird. Wird sie und dementsprechend auch der Aktiennennwert ermäßigt, so kann sich ergeben, daß der

Aktionär einer nicht voll bezahlten Aktie nach der Vorschrift des Satzes 2 (Anm. 1) noch Einzahlungen zu leisten hat, welche über den künftigen Nennwert seiner Aktie hinausgehen.

3. Nach § 114 Abs. 2 AktG. kann es unter gewissen Voraussetzungen für das Stimmrecht der Aktien auf das Verhältnis von Einzahlung zu Nennwert ankommen. Um dieses zu bestimmen, wird man bei der Erhöhung des Nennbetrages die Erhöhung der geleisteten Einlage hinzurechnen müssen. Dagegen wird man bei der Ermäßigung des Nennbetrages von der wirklich geleisteten Einlage und deren Verhältnis zu dem neuen Nennwert auszugehen haben, man kommt anders zu unbilligen Ergebnissen. Die Frage ist schwierig und nicht einmal durch eine besondere bei der Umstellung geschaffene Satzungsbestimmung jedem Zweifel zu entrücken, weil das Stimmrechtsverhältnis in § 114 Abs. 2 AktG. bindend geregelt ist. Glücklicherweise dürfte die Frage selten auftauchen.

§ 8.

(1) Die Hauptversammlung (Generalversammlung), die über die Eröffnungsbilanz und die Umstellung beschließt, kann die Einziehung[7]) von eigenen[1]) Anteilen sowie von Vorratsanteilen[2])[5])[6]) und anderen Anteilen, die ein Gesellschafter auf Grund einer vor der Verkündung dieser Verordnung getroffenen Vereinbarung für Rechnung der Gesellschaft oder eines abhängigen Unternehmens erworben hat, beschließen. § 5 Abs. 4 findet keine Anwendung, soweit der Gesellschafter in Erfüllung seines auf der Übernahme[5]) der Anteile beruhenden Anspruchs gegen die Gesellschaft von der Verpflichtung zur Leistung der Einlage befreit wird.[5])[6])

(2) Die Einziehung gilt für die Umstellung als bereits am Stichtag der Eröffnungsbilanz erfolgt.[8])

1. Der Erwerb eigener Aktien ist für das bisherige Recht in § 32 AktReg. geregelt in dem Sinne, daß seine Zulässigkeit zwar eingeschränkt war, aber nur, wenn auch die Satzung der Gesellschaft eine solche Einschränkung vorgesehen hat.

2. Für die Zukunft, d. h. ab 4. August 1938, gelten diesbezüglich die Vorschriften des AktG. auch schon vor der Anpassung der Satzung an sie. Denn die Bestimmungen des AktG. über die Vorratsaktien (§ 51), d. h. solche Aktien, welche bei der Gründung oder Kapitalerhöhung für Rechnung der Gesellschaft durch einen Dritten oder eine von ihr abhängige Gesellschaft gezeichnet worden sind, desgleichen die Bestimmungen des AktG. über den abgeleiteten Erwerb eigener Aktien (§ 65), gehören nach § 6 der 2. EinfVO. zu jenen, welche sofort mit der Verkündung der 2. EinfVO. vom 2. August 1938, also am 4. August 1938, in Kraft getreten sind.

Sogar rückwirkende Kraft ist durch § 6 Abs. 2 der 2. EinfVO. dem § 51 AktG. über die Vorratsaktien beigelegt worden. Auch für solche Rechtsverhältnisse, welche schon vor der Verkündung der 2. EinfVO. (4. August 1938) durch Aktienübernahme für Rechnung der Gesellschaft oder ein von ihr abhängiges Unternehmen begründet worden sind, gilt, daß der Übernehmer ohne Rücksicht auf seine Vereinbarungen mit der Gesellschaft keine Rechte aus der Aktie hat, bis er sie für eigene Rechnung übernommen hat, und daß er wegen der von ihm geleisteten Einzahlung keinen Erstattungsanspruch gegen die Gesellschaft hat; ebenso weiter, daß er verpflichtet ist, die noch nicht geleistete Einlage zu bewirken und sich nicht darauf berufen kann, daß er die Aktien nicht für eigene Rechnung übernommen habe (vgl. hierzu § 51 AktG. Anm. I, II 2 und 3). Von dieser Verpflichtung, die Einlage zu leisten, ergeben sich aber zwei wichtige Ausnahmen (siehe unten Anm. 6 und 7).

3. Dagegen ist dem § 65 Abs. 6 AktG. über den abgeleiteten Erwerb keine rückwirkende Kraft beigelegt (wie ja auch nicht § 52 AktG.). Wenn also ein Dritter durch abgeleiteten Erwerb Aktien der Gesellschaft für deren Rechnung oder für Rechnung eines von ihr abhängigen Unternehmens vor dem 4. August 1938 erworben hat, so bleibt es nicht nur dabei, sondern er behält auch seinen Anspruch auf Erstattung seiner für den Erwerb gemachten Aufwendungen.

4. Die Verordnung läßt die **Einziehung der eigenen Aktien** zu, auch wenn sie nach der Verkündung der Verordnung erworben worden sind, was aber infolge der gleichzeitig in Kraft getretenen Bestimmung des AktG. über den Erwerb eigener Aktien (§ 65) nur ausnahmsweise zulässig war.

Hatte die Gesellschaft ein Grundkapital von 1½ Millionen Schilling, davon 150 000 Schilling eigene Aktien, und beträgt ihr Reinvermögen ohne Bewertung der letzteren 800 000 RM, so fragt sich, wie nach den Regeln des § 8 der Wert der eigenen Aktien zu bemessen ist. Er darf nicht größer sein als der Teilwert, außerdem nicht zur Deckung des Umstellungskapitals verwendet werden. Ohne Berücksichtigung des Wertes der eigenen Aktien, der zu dem oben angegebenen Reinvermögen noch hinzukommt, wäre der Umstellungswert der auf Reichsmark umgestellten Aktien 80 v. H. Der Teilwert der eigenen Aktien durfte nach der Umstellung schätzungsweise nur 75 v. H. betragen. Die eigenen Aktien sind also mit 60 000 RM in die Eröffnungsbilanz einzusetzen. Die Eröffnungsbilanz weist also 860 000 RM Aktiven (einschließlich der eigenen Aktien) und auf der Passivseite ein Grundkapital von 800 000 RM und eine Rücklage von 60 000 RM aus. Die Bewertung der eigenen Aktien setzt aber voraus, daß schon bisher eine freie Rücklage in Höhe der Bewertung vorhanden war. An Stelle dieser Aktivierung gestattet die Verordnung aber auch die eigenen Aktien einzuziehen.

Für **Aktien, die ein Dritter für Rechnung der Gesellschaft erworben hat,** ändert sich zunächst an der bilanzmäßigen Behandlung nichts. Diese Aktien bilden nicht etwa in diesem Fall einen Ausgleichsposten auf der Aktivseite gegenüber dem auf der Passivseite einzusetzenden Anspruch des Dritten auf Ersatz seiner Aufwendungen. Dieser ist eine Verbindlichkeit der Gesellschaft wie jede andere. Er wird allgemein den Wert übersteigen, mit dem die Aktien nach § 3 eingesetzt werden können. Den Gegenposten für die Aktien kann auch hier eine freie Rücklage bilden, sofern schon in der Schlußbilanz eine gleich hohe freie Rücklage vorhanden war, andernfalls müssen die Aktien unbewertet bleiben. Auch solche für Rechnung der Gesellschaft von einem Dritten durch abgeleiteten Erwerb erworbenen Aktien können eingezogen werden, aber nur, wenn die Aktien schon vor der Verkündung der Verordnung erworben worden sind; denn nach der Verkündung ist der Erwerb regelmäßig ungeeignet, Ansprüche gegen die Gesellschaft zu begründen. Waren die Aktien nicht voll bezahlt, so darf in diesem Fall nach Abs. 1 Satz 2 die Resteinzahlung erlassen werden (Anm. 5 a. E.).

Die Gesellschaft hat aber auch die Möglichkeit, die eigenen Aktien unbewertet zu lassen, ohne sie einzuziehen (Anm. 23 zu § 3), um sich darin eine stille Reserve zu schaffen.

5. a) Auch **Vorratsaktien** (über den Begriff siehe oben Anm. 2, ferner Anm. 20 zu § 3) können durch einfachen in Verbindung mit der Umstellung gefaßten Beschluß der Hauptversammlung eingezogen werden, aber nur wenn sie schon vor der Verkündung der Verordnung übernommen worden sind. Dem Vorratsaktionär, welchem die Aktien durch Einziehungsbeschluß entwunden werden, wird dabei regelmäßig die Einlageschuld erlassen werden. Dies ist nach ausdrücklicher gesetzlicher Vorschrift in diesem Fall statthaft, soweit der Erlaß den Vereinbarungen entspricht, welche bei der Übernahme der Anteile getroffen worden sind. Dasselbe muß auch von dem Anspruch der Gesellschaft auf Rückzahlung gelten, wenn sie dem Vorratsaktionär die Mittel zur Einzahlung zur Verfügung gestellt oder erstattet hatte. Auch in diesem Falle brauchen die Vorschriften über die Kapitalherabsetzung nicht beachtet zu werden, obwohl in ihm, nachdem § 51 Abs. 2 AktG. durch § 6 der 2. EinfVO. rückwirkend in Kraft gesetzt ist, der Gegenwert für die Aktien erst jetzt bei der Einziehung durch den gleichzeitigen Erlaß aus dem Vermögen der Gesellschaft herausgeht. Die Zulässigkeit des Erlasses ohne Beobachtung der Vorschriften über die Kapitalherabsetzung macht also sozusagen im gewissen Maße auch den § 6 der 2. EinfVO. wieder rückgängig. Besonders liegt der Fall, wenn die Vorratsaktien ganz oder teilweise mit Mitteln des Vorratsaktionärs eingezahlt waren. (Einfachster Fall: Es ist erst eine Rate gezahlt und diese hat der Vorraktsaktionär aus eigenen Mitteln geleistet.) Nach § 6 Abs. 2 der 2. EinfVO. in Verbindung mit § 51 AktG. kann der Vorratsaktionär keinen Anspruch auf Erstattung dieser Rate erheben. Auch die Zulässigkeit des Erlasses der Einlagerestschuld, welche § 8 ausspricht, macht es nicht zulässig, die geleistete Einlage zurückzugewähren.

Mit dieser würde also der Vorratsaktionär hängenbleiben, wenn die Aktie eingezogen würde. In einem solchen Fall kann daher die Einziehung nicht ohne seine Zustimmung zulässig sein, und nicht ohne daß sie nach den Vorschriften über die Kapitalherabsetzung erfolgt, damit dem Vorratsaktionär die von ihm geleistete Einlage zurückgewährt werden kann. Obwohl Abs. 1 Satz 2 nur den Fall des ursprünglichen Erwerbs im Auge hat, wie aus dem Worte „Übernahme" hervorgeht, ist der Erlaß doch auch für statthaft anzusehen, wenn ein Dritter für Rechnung der Gesellschaft nicht voll bezahlte Aktien erworben hatte; für den Fall abgeleiteten Erwerbs für Rechnung der Gesellschaft vor Verkündung der VO. brauchte die Zulässigkeit eines solchen Erlasses nicht besonders bestimmt zu werden, weil sie sich ohne weiteres aus dem Auftragsverhältnis zwischen dem Dritten und der Gesellschaft ergibt, das mangels rückwirkender Kraft des § 65 AktG. für die Beziehungen beider maßgebend bleibt (s. Anm. 3).

6. b) Für Vorratsaktien gilt aber auch die Bestimmung der Abs. 3 und 4 des § 6 der 2. EinfVO., wonach der Vorratsaktionär seinerseits sich seiner Haftung entledigen kann, wenn der Vorratsaktionär die Aktie vor dem 1. Januar 1939 der Gesellschaft zur Verfügung stellt. Auch in diesem Fall ist sie zwar einzuziehen — aber nach den Vorschriften über die durch die Satzung angeordnete Zwangseinziehung unentgeltlich zur Verfügung gestellter Aktien — oder zu veräußern (vgl. Erlaß zu § 6 der 2. EinfVO., ferner Anm. 14 ff. zu § 51 AktG.). Werden die Vorratsaktien von dem Aktionär nach § 6 der 2. EinfVO. vor der Umstellung zur Verfügung gestellt, so können sie, wenn sie im Zeitpunkt der Umstellung nicht schon nach § 6 der 2. EinfVO. eingezogen oder veräußert sind, im Zuge der Umstellung eingezogen werden; es muß das geschehen, wenn in jenem Zeitpunkt die Veräußerung nach § 6 der 2. EinfVO. nicht mehr zulässig ist. Fällt aber die Umstellung in den Lauf des Jahres 1939, so können die zur Verfügung gestellten und noch nicht eingezogenen oder veräußerten Vorratsaktien mit umgestellt werden (wie die übrigen Aktien). In Höhe des Wertes, mit dem sie angesetzt werden, ist dann eine freie Rücklage zu bilden (§ 3 Abs. 2). Die Aktien sind dann bis zum 31. Dezember 1939 nach § 6 der 2. EinfVO. zu veräußern — dann dürfte der volle Erlös der gesetzlichen Rücklage zuzuführen und die bei der Umstellung gebildete freie Rücklage zu beseitigen sein — oder nach dem 31. Dezember 1939 einzuziehen; in diesem Falle geht die freie Rücklage verloren, ohne daß etwas der gesetzlichen Rücklage zufließen könnte.

7. Die **Einziehung** setzt einen Beschluß der Hauptversammlung gemäß § 13 voraus. Sie ist ein von der Umstellung, nämlich von der Feststellung des neuen Grundkapitals, nicht zu trennender Teil des Umstellungsvorganges und tritt (vorbehaltlich Abs. 2) mit der Eintragung der Umstellung in Kraft. In diesem Augenblick gehen die eingezogenen Aktien unter. Die Einziehung als solche wird nicht besonders eingetragen. Natürlich ist es schon vorher unzulässig, die Aktien zu veräußern, denn die Veräußerung würde die Eröffnungsbilanz falsch und nichtig und dem-

entsprechend auch die Umstellung nichtig machen, wenn in der Eröffnungsbilanz von der Einziehung ausgegangen wurde.

Die Einziehung ist in zweifacher Hinsicht vereinfacht. Nach § 13 bedarf der Einziehungsbeschluß nur der einfachen Mehrheit und braucht nicht staatlich genehmigt zu werden. Außerdem brauchen die Vorschriften über die Kapitalherabsetzung nicht beachtet zu werden. Dies ist verständlich. Denn der Gegenwert für die einzuziehenden Aktien hat ja hier längst, sei es beim Erwerb durch die Gegenleistung, sei es beim Auftrag zum Erwerb durch die sich daraus ergebende Verpflichtung zur Erstattung des Aufwandes, den der Erwerber gemacht hat, das Vermögen der Gesellschaft verlassen. Der Einziehungsbeschluß muß zusammen mit dem Umstellungsbeschluß gefaßt werden, um die vorgenannte Erleichterung zu genießen. Er ist eben ein Teil des Umstellungsbeschlusses selbst. Bis zum 31. Dezember 1941 läßt aber auch § 14 der 2. EinfVO. eine (anders) erleichterte Einziehung zu.

8. Obwohl die Einziehung erst durch den Umstellungsbeschluß und dessen Eintragung wirksam wird, welche beide notwendigerweise dem Stichtag der Eröffnungsbilanz nachfolgen, so gilt sie gleichwohl für die Zwecke der Umstellung schon an letzterem erfolgt. Die Eröffnungsbilanz kann also so aufgestellt werden, als wäre die Einziehung schon beschlossen und eingetragen, ebenso kann der Umstellung diese so aufgestellte Eröffnungsbilanz zugrunde gelegt werden. Natürlich ist es unzulässig, dann etwa doch noch eigene Aktien vor der Umstellung zu veräußern, und ebenso würden Eröffnungsbilanz und Umstellung hinfällig und nichtig, wenn der Vorratsaktionär etwa vertragswidrig die einzuziehenden Vorratsaktien veräußern sollte; denn eine solche Veräußerung vor dem Einziehungsbeschluß und seiner Eintragung bleibt möglich und wäre wirksam. Daraus könnten sich erhebliche Schwierigkeiten ergeben, die aber hoffentlich und wahrscheinlich niemals praktisch werden, so daß auf ihre Darstellung im Rahmen dieses Buches verzichtet werden kann.

§ 9.

(1) Das Grundkapital einer Aktiengesellschaft oder einer Kommanditgesellschaft auf Aktien muß nach der Umstellung mindestens einhunderttausend Reichsmark betragen. Dies gilt nicht, wenn die Gesellschaft zugleich mit der Umstellung die Erhöhung des Grundkapitals auf mindestens einhunderttausend Reichsmark beschließt und wenn der Kapitalerhöhungsbeschluß zugleich mit der Umstellung eingetragen werden kann. § 36 bleibt unberührt.[1])

(2) Das Stammkapital einer Gesellschaft mit beschränkter Haftung muß nach der Umstellung mindestens fünftausend Reichsmark betragen.

(3) Bei der Umstellung können Aktien auf zwanzig, fünfzig oder einhundert Reichsmark oder ein Vielfaches von einhundert Reichsmark gestellt werden; auf zwanzig oder fünfzig Reichsmark jedoch nur, soweit dies zum Ausgleich von Spitzenbeträgen nötig ist oder soweit der auf die Aktien entfallende Betrag einhundert Reichsmark nicht erreicht.[2–4]) Aktien, die am Stichtag der Eröffnungsbilanz zur Notierung im amtlichen Kursblatt zugelassen sind, müssen in jedem Fall auf einhundert Reichsmark oder ein Vielfaches von einhundert Reichsmark gestellt werden.[2])[3])

(4) Geschäftsanteile können auf jeden durch zehn teilbaren Reichsmarkbetrag, müssen jedoch mindestens auf fünfzig Reichsmark gestellt werden. Je zehn Reichsmark eines Geschäftsanteils gewähren eine Stimme, soweit der Gesellschaftsvertrag nichts anderes bestimmt.

(5) Eine Verminderung der Zahl der Anteile aus Anlaß der Umstellung ist nur zulässig, soweit ohne sie die für die Anteile vorgeschriebene Mindestgrenze nicht eingehalten werden könnte.[2])

(6) Über den späteren Umtausch der Aktien über einen geringeren als den nach § 8 Abs. 1 und 2 des Aktiengesetzes zulässigen Nennbetrag trifft der Reichsminister der Justiz im Einvernehmen mit dem Reichswirtschaftsminister Bestimmungen.

1. Der **Mindestnennbetrag des Grundkapitals** einer Aktiengesellschaft beträgt nach § 7 AktG. 500 000 RM. Wie in § 3 EG. z. AktG. für bestehende Gesellschaften ist er für die umzustellenden Aktiengesellschaften auf 100 000 RM ermäßigt. Wird dieser Mindestbetrag nicht erreicht, so kann die Gesellschaft versuchen, für sich eine Ausnahme von der Vorschrift über das Mindestkapital zu erwirken (§ 38 Abs. 2); davon abgesehen, hat sie eine dreifache Wahl:

a) Sie löst sich auf oder unternimmt gar nichts, was der Selbstauflösung gleichkommt, denn nach § 36 ist sie dann mit dem Ablauf des 31. Dezember 1940 kraft Gesetzes aufgelöst (nicht etwa untergegangen); in beiden Fällen hat sie abzuwickeln.

b) Sie wandelt sich gleichzeitig mit der Umstellung (§ 17 2. EinfVO.) nach den Vorschriften des AktG. (§§ 263 ff.) in eine G. m. b. H. um; dann gilt für sie nach Abs. 2 in Verbindung mit § 10 Abs. 2 das Mindeststammkapital von 5 000 RM.

c) Sie erhöht ihr Kapital zwecks Vermehrung des Gesellschaftsvermögens auf wenigstens 100 000 RM durch neue Einlagen mittels Ausgabe neuer Aktien; in diesem Falle wird also mit der Zusammenlegung der bisherigen Aktien oder der Ermäßigung ihres Nennwertes die Ausgabe neuer Aktien verbunden. Übrigens kann die erforderliche Vergrößerung des Gesellschaftsvermögens auch durch freiwillige Zuzahlung vor der Umstellung ohne Ausgabe neuer Aktien herbeigeführt werden.

Über die Frage, welches Recht auf diesen Kapitalerhöhungsbeschluß anzuwenden ist, siehe Anm. 1 zu § 13. Jedoch ist zur Kapitalerhöhung die staatliche Genehmigung nicht erforderlich, soweit es sich um eine Erhöhung bis zu dem nach AktG. und nach dieser Vorschrift erforderlichen Mindestkapital von 100 000 RM handelt. Insoweit handelt es sich nur um eine „Anpassung" an das AktG. Dies könnte sogar von einer Erhöhung bis zu einem Kapital von 500 000 RM gesagt werden. Die Geltung der Vorschriften des AktG. bedeutet auch, daß der Mindestnennbetrag der jungen Aktien 1000 RM sein muß (denn daß diese Kapitalerhöhung nicht zur Umstellung gehört, Abs. 3 auf die jungen Aktien nicht unmittelbar anwendbar ist, ergibt § 36 Abs. 2; Ausnahmen kann der Reichswirtschaftsminister nach § 8 Abs. 2 AktG. zulassen), daß ein gesetzliches Bezugsrecht gilt usw. Es genügt eine bedingte Kapitalerhöhung (§§ 159 ff. AktG.) oder eine Genehmigung der Kapitalerhöhung durch den Vorstand (§§ 169 ff. AktG.).

Beschließt die Gesellschaft, das Kapital auf 100 000 RM oder darüber zu erhöhen, so ist der Vorschrift des § 9 schon genügt, wenn der Beschluß gleichzeitig mit dem Umstellungsbeschluß gefaßt und wenn er zugleich mit der Umstellung eingetragen wird. K a p i t a l e r h ö h u n g s - und U m s t e l l u n g s b e s c h l u ß m ü s s e n nach § 36 Abs. 1 s p ä t e s t e n s a m 3 1. D e z e m b e r 1 9 4 0 e i n g e t r a g e n s e i n, anderenfalls ist die Gesellschaft aufgelöst und muß sie abwickeln. Aber es ist nicht nötig, daß der Kapitalerhöhungsbeschluß bis zu diesem Tage auch schon durchgeführt und auch bis dahin seine Durchführung (§ 156 AktG.) eingetragen ist; es genügt vielmehr, daß seine D u r c h f ü h r u n g a m 3 1. D e z e m b e r 1 9 4 1 eingetragen ist; die jungen Aktien können also nach dem 31. Dezember 1940 gezeichnet und eingezahlt werden. Kann aber die Durchführung der Kapitalerhöhung nicht spätestens am 31. Dezember 1941 eingetragen werden, so wird die Gesellschaft aufgelöst und muß abwickeln (§ 36). Dieser letzte Termin für die Durchführung und ihre Eintragung gilt auch, wenn nur eine bedingte Kapitalerhöhung oder ein genehmigtes Kapital beschlossen wird, um den Mindestnennbetrag zu erreichen.

B l e i b t d e r N e n n b e t r a g d e s U m s t e l l u n g s k a p i t a l s (mit oder ohne Kapitalerhöhung) u n t e r 5 0 0 0 0 0 R M, s o g i l t d i e s e r a l s M i n d e s t n e n n b e t r a g i m S i n n e d e s § 7 A k t G. (§ 3 der 2. EinfVO.), d. h. e s i s t m i n i s t e r i e l l e G e n e h m i g u n g e r f o r d e r l i c h, w e n n e r k ü n f t i g w e i t e r h e r a b g e s e t z t w e r d e n s o l l. Satzungsänderungen, welche die Verhältnisse der Gesellschaft (Firma, Gegenstand) wesentlich ändern, dürfen nur dann ins Handelsregister eingetragen werden, wenn das Grundkapital gleichzeitig auf 500 000 RM gebracht wird. Damit soll namentlich ein Mißbrauch durch Mantelkauf vermieden werden.

2. Nach § 8 AktG. würde der zulässige **Mindestnennbetrag einer Aktie** 1000 RM sein. Jedoch wird *für die Zwecke der Umstellung* der zulässige Mindestnennbetrag auf *100 RM* ermäßigt. Die Aktien können aber immer nur auf 100 RM *oder ein Vielfaches von 100 RM* lauten.

Wenn mit der gesetzlichen Ermäßigung des Mindestnennbetrages der Aktien auch hauptsächlich vermieden werden soll, daß Aktien zusammengelegt werden müssen, so setzt doch ein Nennbetrag von 100 RM nicht voraus, daß die Aktien zusammengelegt werden müßten, wenn ein höherer Nennbetrag (insbesondere von 1000 RM) festgesetzt würde. Ein solcher ist indessen unzulässig, sofern und soweit er eine Zusammenlegung notwendig macht.

Aktien, welche am Stichtag der Eröffnungsbilanz *nicht an der Börse zur amtlichen Notierung zugelassen* waren, können und müssen sogar, um die Zusammenlegung zu vermeiden, *auf 50 RM und selbst auf 20 RM* (aber nicht auf ein Vielfaches dieser Beträge) ermäßigt werden.

Derartige *Kleinaktien* können auf Aktien, welche nicht zur amtlichen Kursnotiz zugelassen sind, *auch* zusätzlich ausgegeben werden, *um Spitzenbeträge auszugleichen.* Wenn also auf eine Aktie 120 RM oder 70 RM oder 40 RM entfällt, kann eine zusätzliche Kleinaktie von 20 RM zu einer solchen von 100 RM bzw. 50 RM bzw. 20 RM ausgegeben werden. Derartige Spitzenaktien können je nach dem rechnerischen Umstellungsergebnis auch auf mehrere Aktien zugeteilt werden. Entfällt z. B. auf eine Aktie 125 RM, so ist die alte Aktie auf 100 RM abzustempeln, eine neue über 20 RM und endlich auf vier Aktien noch eine weitere neue von 20 RM auszugeben. Ein Aktionär, welcher nicht vier Aktien besitzt, muß sein Bezugsrecht verkaufen oder weitere Bezugsrechte hinzuerwerben. Dies ist nicht anders als bei der Kapitalerhöhung. Dagegen dürfte es im Sinne des Abs. 5 im vorstehenden Beispiel unzulässig sein, auf zwei Aktien nur eine von 50 RM auszugeben. Zweifellos unzulässig ist natürlich die Auszahlung der Spitze von 5 RM (§ 5 Abs. 4). Praktisch wird es ja in einem solchen Fall wohl kaum zur Ausgabe zusätzlicher Kleinaktien kommen, wird vielmehr ein entsprechender Teil des Reinvermögens dazu verwendet werden, Rücklagen zu bilden, so daß die Ausgabe derartiger Ausgleichskleinaktien vermieden werden kann. Vgl. über die Abstempelung und das Zusammenlegungsverfahren § 18.

3. Ist das Reinvermögen größer als das bisherige auf Reichsmark umgerechnete Grundkapital, entfällt also auf eine Aktie mehr als der bisherige Nennwert, so steht nach § 5 nichts im Wege, die neue Grundkapitalsziffer höher festzusetzen und dementsprechend auch den Nennbetrag der einzelnen Aktien (in Reichsmark umgerechnet) zu erhöhen, wobei jedoch als Nennbetrag nur ein Vielfaches von 100 RM gewählt werden kann. *Wenn auf eine Aktie mehr als 1000 RM entfallen sollte, so ist § 1 Abs. 2 AktG. zu beachten, d. h. der Nennbetrag soll auf volle 500 RM lauten.* Spitzen zwischen 1000 RM und 1500 RM sind also durch Aus-

gabe von zusätzlichen Aktien auszugleichen, welche auf 20 RM, 50 RM, 100 RM oder ein Vielfaches von 100 RM lauten.

Ob bei Aktien, welche am Stichtag der Eröffnungsbilanz zur amtlichen Notiz zugelassen waren, Kleinaktien von 20 RM und 50 RM als zusätzliche Aktien zum Spitzenausgleich ausgegeben werden dürfen, geht nicht zwingend eindeutig aus dem Gesetz hervor, ist aber wohl zu verneinen. Diese Gesellschaften können also die entsprechenden Spitzenbeträge des Reinvermögens nur zu Rücklagen verwenden.

4. Zusätzliche, dem Spitzenausgleich dienende Aktien können auch auf eigene Aktien der Gesellschaft entfallen. Denn um ein Bezugsrecht im Rechtssinne handelt es sich dabei nicht; es trifft hier die gesetzgeberische Erwägung nicht zu, aus welcher das Bezugsrecht auf eigene Aktien gesetzlich ausgeschlossen worden ist, nämlich daß eine Gesellschaft ihren Besitz an eigenen Aktien nicht durch Bezug junger Aktien vergrößern soll.

5. Von vornherein wird diesen aus der Umstellung hervorgehenden Kleinaktien vom Gesetzgeber ein baldiges Ende prophezeit und jetzt schon angekündigt, daß Bestimmungen über ihren späteren Umtausch erlassen würden. Die Zwischenzeit soll den Aktionären Gelegenheit geben, in Ruhe ihren Aktienbesitz zu ergänzen und zu vermehren und einstweilen an dem Aufschwung teilzunehmen, der von der Vereinigung der Ostmark mit dem Altreich ausgehen wird. Jedoch wird diese Fürsorge, von der die Aktionäre der zur amtlichen Notiz zugelassenen Aktien ausgeschlossen sind, nur dem kleinsten Ausschnitt der in Frage kommenden Kreise zuteil.

§ 10.

(1) Wird eine Kapitalgesellschaft nach dem Gesetz über die Umwandlung von Kapitalgesellschaften vom 5. Juli 1934 (Reichsgesetzbl. I S. 569)[1]) und seinen Durchführungsverordnungen umgewandelt, so bedarf es der Umstellung nach den Vorschriften dieses Artikels nicht; die Eröffnungsbilanz kann nach den für die gewählte neue Rechtsform geltenden Vorschriften aufgestellt werden.[1])

(2) Wird eine Kapitalgesellschaft zugleich mit der Umstellung nach dem Aktiengesetz[2]) in eine Kapitalgesellschaft anderer Rechtsform umgewandelt (§ 17 der Zweiten Verordnung über die Einführung handelsrechtlicher Vorschriften im Lande Österreich vom 2. August 1938, Reichsgesetzbl. I S. 988), so kann die Eröffnungsbilanz nach den für die gewählte neue Rechtsform geltenden Vorschriften aufgestellt werden.[2–6])

Abs. 1 und 2 betreffen zwei voneinander wesentlich verschiedene Fälle.

1. Bis zum 31. März 1941 kann die **Umwandlung** von Kapitalgesellschaften, das sind Aktiengesellschaften, Kommanditgesellschaften auf Aktien oder Gesell-

schaften mit beschränkter Haftung (§ 1 UmwG.) **nach dem UmwG.** vom 5. Juli 1934 (RGBl. S. 569) und seinen vier Durchführungsverordnungen (RGBl. 1934 S. 1262, 1935 S. 721, 1936 S. 1003, 1937 S. 661) beschlossen werden. (Schrifttum: Böttcher-Meilicke, Umwandlung, Verschmelzung und Auflösung, Berlin 1937, und Crisolli-Groschuff-Kaemmel, Leipzig 1937). Diese Form der Umwandlung war steuerlich erheblich begünstigt, jedoch nur, wenn die Umwandlung vor dem 1. Januar 1938 beschlossen worden ist.

Diese Umwandlung führt ihren Namen zu Unrecht. Sie besteht darin, daß die umzuwandelnde Gesellschaft ihr gesamtes Vermögen auf ihren alleinigen oder mit drei Vierteln des Anteilsbesitzes ausgestatteten Hauptgesellschafter oder auf eine aus ihren Gesellschaftern oder einer qualifizierten Mehrheit ihrer Gesellschafter, welche zusammen neun Zehntel der Anteile besitzen, gebildeten Handelsgesellschaft oder eine Gesellschaft des bürgerlichen Rechts überträgt. Durch die Eintragung der Umwandlung findet der gewollte Vermögensübergang durch Gesamtrechtsnachfolge statt und geht die umzuwandelnde Gesellschaft ohne Abwicklung unter. Die vorstehende Bestimmung besagt sonach nichts, was nicht ohnedies aus dem Wesen der Umwandlung abzuleiten gewesen wäre. Da die Umstellung bis zum 31. Dezember 1940 Zeit hat (auf Grundlage einer spätestens zum 1. Januar 1940 aufgestellten Eröffnungsbilanz), bleibt bis dahin auch Zeit zur Umwandlung. Eine vor dem 31. Dezember 1940 durch Umwandlung untergegangene Gesellschaft kann selbstverständlich nicht mehr umgestellt werden, umzustellen ist vielmehr die Rechtsnachfolgerin.

Ist bis zum 31. Dezember 1940 die Gesellschaft nicht umgestellt, so wird die bis dahin auch noch nicht umgewandelte Gesellschaft kraft Gesetzes aufgelöst (§ 36). Sie kann aber trotzdem noch bis zum 31. Dezember 1940 umgewandelt werden (§ 7 1. UmwDfVO.); jedoch kann in diesem Fall der Vermögensübergang bei der Umstellung der Rechtsnachfolgerin nicht mehr berücksichtigt werden.

Die Umwandlung nach dem Umwandlungsgesetz dient in erster Linie der Entschachtelung.

2. Die **Umwandlung nach dem AktG.** (§§ 259 ff. AktG.) berührt den Rechtsbestand der Gesellschaft überhaupt nicht. Sie besteht lediglich in einer Satzungsänderung, wonach die Gesellschaft an Stelle ihrer bisherigen Rechtsform eine andere annimmt, z. B. eine Aktiengesellschaft verwandelt sich in eine G. m. b. H. oder umgekehrt. Da die alte Gesellschaft, wenn auch in anderer Rechtsform, bestehen bleibt, wechselt auch das Subjekt des Vermögens nicht.

Wäre es möglich, zuerst die Umwandlung nach AktG. zu beschließen und dann die Gesellschaft umzustellen, so wäre es selbstverständlich, daß die Eröffnungsbilanz und die Umstellung sich nach den Vorschriften zu richten hat, welche für die neugewählte Rechtsform gelten. Da aber nach § 17 der 2. EinfVO.

die Umwandlung frühestens gleichzeitig mit der Umstellung beschlossen werden kann und die Umwandlung ihrerseits (als Satzungsänderung) nach §§ 259, 262, 265, 274 AktG. erst mit der Eintragung wirksam wird, haftet der Gesellschaft am Stichtag der Eröffnungsbilanz und im Augenblick der Beschlußfassung über diese und über die Umstellung noch die alte Rechtsform an. Es hätten daher namentlich bezüglich der Eröffnungsbilanz Zweifel darüber entstehen können, welche Vorschriften für sie anzuwenden sind. Das Gesetz beseitigt diese, indem es die Vorschriften, die für die neue Rechtsform gelten, als maßgebend erklärt. Für die Umstellung selbst gilt das gleiche, soweit diese Verordnung für die einzelne Rechtsform verschiedene Vorschriften enthält. Das Gesetz hielt eine besondere Vorschrift hierüber wohl aus dem Grunde für entbehrlich, weil ja die Umstellung erst durch ihre Eintragung, also nicht vor der gleichzeitig einzutragenden Umwandlung wirksam wird.

Wenn auch im Zeitpunkt des mit dem Umstellungsbeschluß verbundenen Umwandlungsbeschlusses die Anpassung der Satzung an das Aktiengesetz noch nicht beschlossen und noch nicht eingetragen zu sein braucht (sofern nämlich der 1. Juli 1939 noch nicht vorbei ist), so sind doch auch schon vor dem 1. Juli 1939 (§ 7 der 2. EinfVO.) auf die Umstellung selbst und auf alle sich aus ihrem Anlaß ergebenden Rechtsfragen die Vorschriften des AktG. anzuwenden, wie wenn die spätestens gleichzeitig mit der Umstellung und Umwandlung einzutragende Anpassung (§ 16 Abs. 3) schon eingetragen wäre. Anderenfalls wären, da dem österreichischen Recht die Umwandlung unbekannt war, die aus diesem Anlaß hervorgehenden Rechtsprobleme überhaupt nicht zu lösen.

Aus § 17 der 2. EinfVO. geht zwar hervor, daß eine Umwandlung nach AktG. nicht vor der Umstellung, also auch nicht vor der Anpassung, aber nicht, daß sie nicht gleichzeitig mit der Satzungsanpassung beschlossen werden kann; welchen Sinn hat aber noch die Anpassung der Satzung an das AktG., wenn gleichzeitig die Gesellschaft in eine G. m. b. H. umgewandelt wird (wird die Gesellschaft nach Umwandlungsgesetz umgewandelt, d. h. hört sie zu bestehen auf, so kann eine Anpassung an das AktG. überhaupt nicht erfolgen, wenn diese nicht schon vorher eingetragen war, und demnach das AktG. für die Gesellschaft überhaupt nicht in Kraft treten; das Umwandlungsgesetz gilt vom 1. Oktober 1938 ab im Lande Österreich (siehe § 25 der 2. EinfVO.)? Die Anpassung der Satzung an das AktG. würde also in diesem Falle allein den Sinn haben, für einen kurzen Augenblick das AktG. in Kraft treten zu lassen, damit überhaupt die Umwandlung nach § 263 AktG. stattfinden kann. Es ist anzunehmen, daß sich die Praxis über diesen Formalismus hinwegsetzen und den Umwandlungsbeschluß eintragen wird, auch ohne daß in einem solchen Fall vorher die Satzung an das AktG. angepaßt und eingetragen war. Trotzdem sind aber auch dann auf die Umwandlung und das Umwandlungsverfahren die Vorschriften des AktG. anzuwenden.

Das Gesagte bezieht sich sowohl auf den Inhalt und die Rechtsfolge des Umwandlungsbeschlusses als auf das Umwandlungsverfahren. Es sind also u. a., wenn eine Aktiengesellschaft in eine Kommanditgesellschaft auf Aktien umgewandelt werden soll, die §§ 24—27, 31, 39—44 AktG. „sinngemäß" anzuwenden (§ 257 AktG.), ferner im Falle der Umwandlung einer G. m. b. H. in eine Aktiengesellschaft gleichfalls (§ 271 AktG.).

Für das Zustandekommen des Beschlusses gelten die Ausführungen in Anm. 1 zu § 13. Eine Erschwerung ist es, daß danach die nach österreichischem Recht zu Satzungsänderungen vorgeschriebene staatliche Genehmigung erforderlich sein dürfte.

Bei der Umwandlung einer Aktiengesellschaft in eine Kommanditgesellschaft auf Aktien und einer G. m. b. H. in eine Aktiengesellschaft schreiben §§ 257, 271 AktG. vor, die Bestimmungen über die Gründung einer Aktiengesellschaft zu beachten. Im ersteren Falle ist die gesetzgeberische Erwägung nicht erkennbar (vgl. Anm. 3 zu § 257 AktG.), im zweiten Fall hat sich der Gesetzgeber vor Augen gehalten, daß bei der Gründung einer G. m. b. H. geringere gesetzliche Vorsichtsmaßregeln ergriffen sind als für die Gründung einer Aktiengesellschaft, und daß es notwendig ist, diese nachzuholen, um zu vermeiden, daß sie durch vorgängige Gründung als G. m. b. H. und sodann nachfolgende Umwandlung in eine Aktiengesellschaft umgangen werden. Erwägt man, daß für österreichische Aktiengesellschaften die strengen Gründungsvorschriften des deutschen Aktienrechts und schon gar des AktG. nicht gegolten haben, so wird man die Frage aufwerfen, ob es begründet sei, eine österreichische G. m. b. H., die bei der Umstellung in eine Aktiengesellschaft umgewandelt wird, diesen Vorschriften zu unterwerfen, die Aktiengesellschaft selbst aber nicht, welche von vornherein als solche ohne Beobachtung von Vorsichtsvorschriften gegründet worden ist, die den deutschen gleichwertig gewesen wären, und ob man es nicht bei der nachträglichen Beobachtung der bisherigen österreichischen Vorschriften über die Gründung von Aktiengesellschaften bewenden lassen kann. Da aber auch eine deutsche G. m. b. H., welche nach dem Inkrafttreten des AktG. in eine Aktiengesellschaft umgewandelt wird, die strengen Vorschriften dieses Gesetzes beachten muß, obwohl fast keine der zur Zeit bestehenden Aktiengesellschaften nach diesen strengen Vorschriften gegründet worden ist, wird man nicht umhinkönnen, die Beobachtung dieser Vorschriften zu fordern, wenn gleichzeitig mit der Umstellung eine G. m. b. H. in eine Aktiengesellschaft oder eine Aktiengesellschaft in eine Kommanditgesellschaft auf Aktien umgewandelt wird.

3. a) Am häufigsten wird es dann veranlaßt sein, mit der Umstellung eine Umwandlung zu verbinden, wenn es sich um eine Aktiengesellschaft handelt, deren Reinvermögen geringer als 100 000 RM ist, so daß damit das Mindestgrundkapital nicht belegt werden kann. Wenn hier das Grundkapital nicht erhöht oder nichts zugezahlt wird und die Gesellschaft doch nicht der Auflösung verfallen will, so bleibt, von einer ministeriellen Ausnahmebewilligung abgesehen, nur die Umwandlung in eine G. m. b. H. übrig.

Für die Ermäßigung wie für die Erhöhung des Grundkapitals bei Umstellung einer Aktiengesellschaft und ihrer gleichzeitigen Umwandlung in eine G. m. b. H., desgleichen für die Umwandlung der Aktien in Geschäftsanteile und den Umtausch ergeben sich aus der Verbindung der beiden Rechtsvorgänge keine Besonderheiten. Es kann daher auf die Anm. zu § 263 AktG. verwiesen werden.

b) Das gleiche gilt für die Umstellung einer G. m. b. H. und ihre gleichzeitige Umwandlung in eine Aktiengesellschaft sowie der Geschäftsanteile in Aktien und deren Umtausch. Hier wird es sich wohl regelmäßig um eine Erhöhung der Grundkapitalziffer handeln. Auch in diesem Falle ergibt sich aus der Verbindung der beiden Rechtsvorgänge keine Besonderheit. Hervorzuheben ist aber die Notwendigkeit, die für die Gründung einer Aktiengesellschaft geltenden Vorschriften nachzuholen (§ 271 AktG.). Hinsichtlich der Einzelheiten wird auf die Erläuterungen zu § 269 AktG. verwiesen.

Zu a und b. Nach herrschender von der Anm. 6 zu § 263 und Anm. 8 zu § 269 AktG. vertretenen abweichender Meinung ist bei der einfachen Umwandlung nach AktG. eine Veränderung der Grundkapitalziffer nicht zulässig. Von dieser Ansicht aus würde also eine erhebliche Besonderheit bei der mit der Umstellung verbundenen Umwandlung darin liegen, daß hier die Kapitalziffer neu festgesetzt werden kann.

4. **Die der Umwandlung zugrunde gelegte Bilanz** im Sinne der §§ 258 Abs. 2, 261 Abs. 2, 264 Abs. 2 AktG. ist die Eröffnungsbilanz. Dies ist eine — freilich nicht ausdrücklich bestimmte und zugelassene — Abweichung von der Regel des AktG., wonach die der Umwandlung zugrunde zu legende Bilanz eine Ertragsbilanz ist (vgl. die Erl. zu den angeführten Gesetzesstellen und ebenso Schlegelberger-Quassowski Erl. 9—12 zu § 258, 17 zu § 261 und 5 zu § 264 AktG.).

Für den Fall der Umwandlung einer G. m. b. H. in eine Aktiengesellschaft wird von § 270 Abs. 2 mit Rücksicht darauf, daß für Aktiengesellschaften strengere Vorschriften als für die G. m. b. H. gelten, die Aufstellung einer besonderen neuen Bilanz vorgeschrieben, welche zu veröffentlichen ist (§ 275 AktG.). Die Meinungen über den Stichtag dieser Bilanz gehen auseinander; vgl. einerseits Anm. 3 zu § 270, wo die Meinung vertreten wird, daß ein früherer Stichtag als der Tag des Umwandlungsbeschlusses gewählt werden kann, und andererseits Schlegelberger-Quassowski Anm. 8 zu § 271, wonach ein solch früherer Stichtag unzulässig sein soll. Nach der ersteren Meinung erscheint es auch zulässig, die Eröffnungsbilanz als Umwandlungsbilanz zu gebrauchen; denn nach ihr steht nichts im Wege, als Stichtag den der Eröffnungsbilanz zu wählen, und muß, wenn dies geschieht, die Umwandlungsbilanz mit der Eröffnungsbilanz übereinstimmen, weil ihre Wertansätze nach § 3 Abs. 4 für die Umwandlungsbilanz als Herstellungs- und Anschaffungskosten im Sinne des § 133 AktG. zu gelten hätten und sonach eine Verschiedenheit zwischen Zeitwert und Anschaffungs- und Herstellungskosten aus dem Grunde nicht bestehen kann, weil die Wertansätze der Eröffnungsbilanz mit dem Teilwert übereinstimmen müssen. Die andere Meinung, welche nur den Tag des Umwandlungsbeschlusses als Stichtag gelten lassen will, führt hier zu ganz unpraktischen Ergebnissen. Zunächst ist klar, daß bei einer Verschiedenheit der Stichtage die beiden Bilanzen nicht übereinstimmen können, daß also eine besondere Umwandlungsbilanz aufgestellt werden muß; denn es hätten zwar nach § 3 Abs. 4 die Wertansätze der Eröffnungsbilanz für die Umwandlungsbilanz, erst recht, wenn diese einen späteren Stichtag hat, als Herstellungs- und Anschaffungskosten zu gelten, aber der Zeitwert des späteren Stichtags wird davon abweichen. Da nach dieser Meinung als Stichtag für die Umwandlungsbilanz frühestens der Tag des Umwandlungsbeschlusses zu wählen ist, so muß es wenigstens bei größeren Unternehmungen wieder Monate dauern, bis die Umwandlungsbilanz aufgestellt ist. Die Gesellschaft ist dann entweder gezwungen, die Anmeldung der Umstellung ebensolange aufzuschieben oder Umstellung und Umwandlung getrennt durchzuführen. Die Anmeldung der Umstellung hinauszuschieben wird sie nicht mehr in der Lage sein, wenn sie als Stichtag den 1. Januar 1940 gewählt und die Neunmonatsfrist des § 2 Abs. 4 ausgenutzt hat; denn sie würde damit Gefahr laufen, daß die Umstellung nicht mehr vor dem 31. Dezember 1940 eingetragen und daß die Gesellschaft aufgelöst wird.

5. Bei der Umstellung einer Aktiengesellschaft unter gleichzeitiger Umwandlung in eine G. m. b. H. ist die **Gläubigerschutzvorschrift** nach § 267 AktG. zu beachten. Auch diesbezüglich kann man zweifeln, ob diese Folgerung zu ziehen ist; denn da die Umstellung im allgemeinen ohne Schutzvorschrift für die Gläubiger erfolgt, obwohl sie zweifellos für diese Gefahren mit sich bringt, würde auch die Gefahr mit in Kauf genommen werden können, welche durch die Umwandlung einer Aktiengesellschaft in eine G. m. b. H. für ihre Gläubiger begründet war.

6. Das Gesetz gedenkt nicht des Falles der **Verschmelzung**, weil ein solcher erst nach der Umstellung möglich ist. Dies ist aus Abs. 3 des § 16 der 2. EinfVO. zu entnehmen (insbesondere aus einem Vergleich seines Wortlautes mit dem Wortlaut der §§ 14 Abs. 1, 17 der 2. EinfVO.).

Artikel 2.

§ 11.

(1) Bei Aktiengesellschaften und Kommanditgesellschaften auf Aktien hat der Vorstand (die persönlich haftenden Gesellschafter)[6]) zugleich mit der Eröffnungsbilanz einen Bericht[1])[6]) aufzustellen und vorzulegen,[1]) in dem auch die Vorschläge für die Umstellung zu machen und die wesentlichen Umstände darzulegen sind, die für die Bewertung der Vermögensgegenstände und für die Umstellungsvorschläge maßgebend gewesen sind.[2–5]) Auf den Bericht sind im übrigen die Vorschriften des Aktiengesetzes über den Geschäftsbericht sinngemäß anzuwenden;[1])[3–6]) die Prüfung durch die Abschlußprüfer hat sich auch auf die Vorschläge für die Umstellung zu erstrecken.[7])

(2) Mit dem Bericht des Vorstands und dem Bericht des Aufsichtsrats (§ 96 des Aktiengesetzes) ist der Hauptversammlung auch der Prüfungsbericht der Abschlußprüfer vorzulegen.[8])[9])

(3) Hat die Gesellschaft nicht schon vor der Umstellung ihre Satzung dem Aktiengesetz angepaßt (§ 7 der Zweiten Verordnung zur Einführung handelsrechtlicher Vorschriften im Lande Österreich), so treffen die Pflichten des Vorstands[6]) die Verwaltungsträger, die in dem vom Aktiengesetz dem Vorstand zugewiesenen Aufgabenkreis tätig sind, die Pflichten des Aufsichtsrats[6]) alle anderen Verwaltungsträger außer der Hauptversammlung, und zwar ohne Rücksicht auf ihre Bezeichnung.

1. Der Vorstand hat zugleich mit der Eröffnungsbilanz einen **Umstellungsbericht** abzufassen und der Hauptversammlung vorzulegen, für welchen die Vorschriften des AktG. über den Geschäftsbericht des Vorstandes (§§ 127, 128) „sinngemäß" anzuwenden sind. Sein **Inhalt** bestimmt sich nach folgenden Erwägungen:

Der Jahresabschluß zerfällt in die statische auf einen bestimmten Tag aufgestellte Bilanz und die dynamische Erfolgsrechnung. Der Geschäftsbericht seinerseits hat dementsprechend sowohl die (statische) Lage der Gesellschaft als auch den Geschäfts„verlauf" während des Geschäftsjahres und die Vorgänge von Bedeutung darzulegen, die nach dem Schluß des Geschäftsjahres eingetreten sind. Da nun die Eröffnungsbilanz eine Vermögensbilanz ist, braucht der zu ihrer Erläuterung, Erklärung und Ergänzung bestimmte Umstellungsbericht sich nur auf die Vermögenslage am Stichtag zu beziehen; der andere (dynamische) Teil beschränkt sich auf die nachher eingetretenen „Vorgänge von Bedeutung". Wesentliche Abweichungen von dem letzten Jahresabschluß (das ist von der nach ganz anderen Grundsätzen für den Tag vorher aufgestellten Schlußbilanz) braucht er nicht zu erläutern. Ebenso fällt weg § 128 Abs. 2 Ziff. 1 zweiter Halbsatz, Ziff. 2 zweiter Halbsatz, Ziff. 3 (schon deshalb, weil das bisherige österreichische Recht ein bedingtes Kapital nicht kannte), Ziff. 4 (aus dem gleichen Grunde), Ziff. 7.

2. Nach der Verordnung hat der Umstellungsbericht außerdem die Vorschläge für die Umstellung zu enthalten und sowohl diese wie auch die Wertansätze der Eröffnungsbilanz durch eine Darlegung der wesentlichen Umstände zu begründen, welche für beide maßgebend gewesen sind, also a) jene, auf Grund deren angenommen worden ist, daß ein Erwerber des Unternehmens im ganzen, der es fortführen will, innerhalb eines Gesamtpreises für die einzelnen Gegenstände den angesetzten Wert bezahlt hätte, b) jene, auf denen die vorgeschlagene Einteilung des Reinvermögens in Grundkapital, gesetzliche und freie Rücklage beruhen.

3. Im Geschäftsbericht sind die sämtlichen Mitglieder des Vorstandes und des Aufsichtsrats einschließlich der nach dem Stichtag ausgeschiedenen mit dem Familiennamen und mindestens einem ausgeschriebenen Vornamen anzugeben; der Vorsitzer des Vorstandes und des Aufsichtsrats sind besonders zu bezeichnen. Es ist denkbar, daß die Anpassung der Gesellschaft an die Bestimmungen des AktG. erst gleichzeitig mit der Umstellung beschlossen wird. Demnach kann es sein, daß zur Zeit der Abfassung des Umstellungsberichts ein Vorstand und ein Aufsichtsrat im Sinne des AktG. noch nicht besteht. Dann ist diese Vorschrift nicht ausführbar. Die erst zu wählenden Aufsichtsratsmitglieder und zu bestellenden Vorstandsmitglieder brauchen nicht bezeichnet zu werden. Dies folgt daraus, daß der Geschäftsbericht bereits fertig der Hauptversammlung vorzulegen ist, welche in dem gedachten Falle erst die Aufsichtsratsmitglieder zu wählen hat.

4. Angaben im Umstellungsbericht können indessen unterbleiben, soweit überwiegende Belange der Gesellschaft oder eines beteiligten Unternehmens oder der gemeine Nutzen von Volk und Reich es erfordern (§ 128 Abs. 3 AktG.). Dies kann auch für die Begründung der Wertansätze von Bedeutung sein. Die Gesellschaft braucht also, um niedrige Wertansätze zu erklären, nicht öffentlich mitzuteilen, daß die maschinelle Ausrüstung ihres Unternehmens technisch veraltet ist.

5. Entspricht der Umstellungsbericht diesen Anforderungen nicht, enthält er falsche Angaben oder wird er überhaupt unterlassen, so ist der Umstellungsbeschluß anfechtbar, wenn er auf dieser Gesetzesverletzung beruht, also z. B. dann nicht, wenn die Angaben in der Hauptversammlung berichtigt oder ergänzt werden, welche über die Umstellung beschließt (vgl. RGZ. 115 S. 345).

6. Nach dem Gesetz ist es der Vorstand, der zuständig ist, die Eröffnungsbilanz aufzustellen und den Umstellungsbericht zu erstatten. Nach §§ 125, 127 Abs. 1 AktG. hat er beide dem Aufsichtsrat vorzulegen. Diesem ist auch der Prüfungsbericht der Prüfer vorzulegen. Er hat seinerseits die Bilanz und den Bericht des Vorstandes zu prüfen und über das Ergebnis der Prüfung gemäß § 96 AktG. einen schriftlichen Bericht an die Hauptversammlung zu machen. Nach § 225 AHGB. ist der Aufsichsrat kein notwendiges Organ der Aktiengesellschaft. Wird von der Wahl eines Aufsichtsrats abgesehen, müssen zur Prüfung der Jahresrechnungen der Gesellschaft Rechnungsrevisoren bestellt werden (§ 37 AktReg.). Davon abgesehen, räumt das österreichische Recht den Gesellschaften große Freiheit bei der Bestimmung der Zuständigkeiten ihrer Organe ein. Es kann also, solange die Gesellschaft ihre Satzung noch nicht den Bestimmungen des AktG. angepaßt hat (§ 7 der 2. EinfVO.) oder etwa das Gericht nach § 8 Abs. 3 der 2. EinfVO. von Amts wegen einen Aufsichtsrat bestellt hat, zweifelhaft sein, welches Organ dem Vorstand und dem Aufsichtsrat im Sinne des AktG. entspricht.

Deshalb bestimmt das Gesetz, daß, solange die Satzung noch nicht den Bestimmungen des AktG. angepaßt ist, d. h. also, daß, solange kein Vorstand oder Aufsichtsrat im Sinne des AktG. vorhanden ist, die dem Vorstand nach vorstehendem zugedachten Rechte und Pflichten diejenigen Verwaltungsträger treffen, welche den Aufgabenkreis versehen, der vom AktG. dem Vorstand zugewiesen wird (insbesondere also die Leitung des Unternehmens und seine Geschäftsführung), während alle anderen Organe außer der Hauptversammlung ohne Rücksicht auf ihre Bezeichnung und auf ihren Aufgabenkreis (also z. B. auch die Rechnungsrevisoren) die Pflichten zu erfüllen und Rechte auszuüben haben, welche nach vorstehendem dem Aufsichtsrat vorbehalten sind.

Aus der Vorschrift erhellt auch, daß es, wenn Anpassung, Eröffnungsbilanz und Umstellung gleichzeitig beschlossen werden, die bisherigen Verwaltungsträger sind, welche diese Beschlüsse vorzubereiten haben.

Handelt es sich um eine Kommanditgesellschaft a. A., so sind es die persönlich haftenden Gesellschafter, welche die dem Vorstand zugeteilten Obliegenheiten zu erfüllen haben.

7. Anzuwenden sind auch die Vorschriften des AktG. (§§ 135 ff., insbesondere 139, 140) über die **Prüfung der Bilanz** und des Geschäftsberichtes **durch** die **Abschlußprüfer** (siehe § 2 und Anm.). Sonach hat **auch** eine Prüfung **des Umstellungsberichtes** durch den Abschlußprüfer stattzufinden; sie erstreckt sich insbesondere auf die Angaben nach § 128 Abs. 2, welche nach dem unter Anm. 1 Gesagten zu machen sind. In erheblichem Maße sind die Wertansätze der Eröffnungsbilanz, die sich nach dem Teilwert richten, Ermessenssache. Letzten Endes ist es die Hauptversammlung, welche über die Eröffnungsbilanz beschließt, also auch über die Wertansätze befindet. Mit ihr kann der Abschlußprüfer nicht rechten (vgl. aber Anm. 11 am Ende und § 2 und § 17). Um so mehr wird er in seinem Prüfungsbericht dazu Stellung nehmen, ob die von den Verfassern des Umstellungsberichtes gemachten Angaben, die den vorgeschlagenen Wertansatz begründen sollen, nach den Büchern der Gesellschaft und den dem Prüfer vorgelegten Belegen und erteilten Auskünften (§ 138 AktG.) zutreffen.

Die Verordnung sieht vor, daß die Prüfung durch den Abschlußprüfer sich auch auf die Vorschläge für die Umstellung zu erstrecken hat. Dies kann sich aber nur auf die Beobachtung der zwingenden Gesetzesvorschriften, also z. B. darauf, ob die gebildeten freien Rücklagen in dieser Höhe zulässig sind, ob dem Wert eigener Aktien nur freie Rücklagen entgegengestellt sind usw., nicht aber auf die Zweckmäßigkeit der Umstellung beziehen, soweit die Gesellschaft freie Hand hat, z. B. in welcher Höhe die neue Grundkapitalziffer gewählt werden soll und in welcher Höhe eine gesetzliche Rücklage gebildet wird; dagegen wird es der Abschlußprüfer zu erwähnen haben, wenn nach seiner Meinung die Vorschläge eine offenbar unbillige vermeidbare Härte für die Aktionäre oder die Inhaber der Aktien einzelner Aktiengattungen enthalten (§ 20). Über den Prüfungsbericht vgl. § 139 AktG., über den Prüfungsvermerk § 140 AktG.

8. Eine Besonderheit ist, daß auch der Bericht der Prüfer (§ 139 AktG.) der Hauptversammlung vorzulegen ist. Es

ist deshalb auch anzunehmen, daß für den Prüfungsbericht des Prüfers auch § 125 Abs. 6 Satz 1 AktG. gilt, d. h. daß auch er während der letzten zwei Wochen vor dem Tage der Hauptversammlung in den Geschäftsräumen der Gesellschaft zur Einsicht der Aktionäre auszulegen ist. Dagegen steht diesen ein Recht nicht zu, Abschrift des Berichtes zu verlangen. Der Prüfungsbericht ist nach § 15 auch zum Handelsregister einzureichen, dagegen besteht keine dem § 26 Abs. 3 AktG. entsprechende Vorschrift, welche vorsähe, daß ein Stück auch der amtlichen Vertretung des Handelsstandes einzureichen ist, da sich dies aus der Anwendbarkeit der Bestimmungen über den „Geschäfts"bericht nicht ableiten läßt. Im Hinblick auf das Anfechtungsrecht der Industrie- und Handelskammer nach § 21 ist dies auffällig.

Die Hauptversammlung ist bei der Beschlußfassung über die Bilanz frei und nur an die gesetzlichen Vorschriften, aber nicht an die Meinung des Prüfers darüber gebunden, ob die vorgelegte Bilanz diese Vorschriften erfüllt oder nicht. Auch über Einwendungen der Prüfer gegen die Wertansätze der Bilanz kann die Hauptversammlung hinweggehen. Ihr Beschluß ist aber nichtig oder anfechtbar, wenn die Bilanz gegen gesetzliche Bestimmungen verstößt.

9. Außer dem Umstellungsbericht des Vorstandes, dem Bericht des Prüfers und dem Bericht des Aufsichtsrats ist, wenn dieselbe Hauptversammlung auch über die Schlußbilanz nach § 4 beschließt, im Zusammenhang mit dieser auch der Rechenschaftsbericht nach § 50 AktReg. vorzulegen. Dagegen gelangen die Berichte, welche wegen einer gleichzeitig mit der Umstellung beschlossenen Umwandlung im Falle des § 257 nach Abs. 3 daselbst gemäß §§ 24—27 AktG. und im Falle des § 269 AktG. nach § 271 AktG. gemäß §§ 24—27 AktG. zu erstatten sind, nicht an die Hauptversammlung.

§ 12.

Beabsichtigt der Vorstand, die Eröffnungsbilanz für einen Stichtag aufzustellen, vor dem die Hauptversammlung keine Abschlußprüfer gewählt hat, so sind die Prüfer nach § 136 Abs. 4 des Aktiengesetzes vom Gericht zu bestellen.

Abschlußprüfer sind nach § 8 der 2. EinfVO. von der Hauptversammlung zu wählen, welche über die Anpassung der Satzung an die Bestimmungen des AktG. beschließt, und zwar für dasjenige Geschäftsjahr, in welches diese Hauptversammlung fällt. Ist dies nicht vor dem 1. Juli 1939 geschehen, so bestellt nach § 8 Abs. 2 der 2. EinfVO. das Gericht die Abschlußprüfer nach § 136 Abs. 4 AktG. Vor dem 1. Juli 1939 wird sonach in allen jenen Fällen, in denen durch dieselbe Hauptversammlung über Schluß- und Eröffnungsbilanz, Umstellung und Anpassung gemeinsam Beschluß gefaßt wird, für die Prüfung der Eröffnungsbilanz noch kein von der Hauptversammlung gewählter Prüfer zur Verfügung stehen. Auch für diesen Fall sieht die Bestimmung vor, daß der Prüfer gemäß § 136 AktG. zu bestellen ist. Die Anwendung der Vorschrift kann keine Schwierigkeiten bereiten. Nur wird man § 11 Abs. 3 auch hier anzuwenden haben, um die Antragsberechtigung zu ermitteln.

§ 13.

(1) Für die Einberufung der Hauptversammlung, die über die Eröffnungsbilanz, die Einziehung von Aktien (§ 8) und die Umstellung beschließt, für die Verhandlungsniederschrift, das Auskunftsrecht und das Stimmrecht gelten das Aktiengesetz und die Erste Durchführungsverordnung zum Aktiengesetz auch dann, wenn die Versammlung vor dem 1. Januar 1939 abgehalten wird.[1])

(2) Für den Beschluß der Hauptversammlung über die Eröffnungsbilanz, die Einziehung von Aktien und die Umstellung genügt die einfache Mehrheit des bei der Beschlußfassung vertretenen Grundkapitals ohne Rücksicht auf die Stimmenzahl. Eines Sonderbeschlusses der einzelnen Aktiengattungen bedarf es nicht. Dies gilt auch dann, wenn die Satzung etwas anderes bestimmt.[2–4])

(3) Abs. 2 gilt für die Gesellschaft mit beschränkter Haftung sinngemäß.

1. Das für die Hauptversammlung, welche über die Eröffnungsbilanz, die Einziehung von Aktien und die Umstellung beschließt, **anwendbare Recht** ergibt sich nur aus verstreuten Bestimmungen der Verordnung.

A. Ist schon vorher die Anpassung der Satzung an das AktG. beschlossen und in das Handelsregister eingetragen oder die gerichtliche Bestellung der Aufsichtsratsmitglieder im Handelsregister vermerkt (§ 8 Abs. 2 der 2. EinfVO.) worden, so ergibt sich aus § 7 Abs. 4 der 2. EinfVO., daß das AktG. — vorbehaltlich Abs. 2 der gegenwärtigen Vorschrift — maßgebend ist, neben dem jedoch, soweit seine Bestimmungen nicht zwingendes Recht darstellen, auch die Bestimmungen der neuen Satzung gelten. Die Vorschriften des AktG. werden namentlich dann schon vor der Umstellung für die Gesellschaft in Kraft getreten sein, wenn letztere bis nach dem 1. Juli 1939 aufgeschoben worden ist (§ 7 der 2. EinfVO., § 36 dieser VO.).

B. Ist aber, wie es namentlich vor dem 1. Juli 1939 meist der Fall sein wird, die Anpassung an die Satzung zur Zeit des Umstellungsbeschlusses noch nicht eingetragen, so ist an sich das bisherige Recht maßgebend, jedoch mit zahlreichen Durchbrechungen. Es sind namentlich für alle Beschlüsse dieser Hauptversammlung die Bestimmungen des AktG. in folgenden Beziehungen maßgebend, daneben, soweit diese Bestimmungen nicht zwingend sind, auch die bisherigen Satzungsvorschriften. Mit letzterer Maßgabe gelten folgende Bestimmungen des AktG.:

a) über die Einberufung: §§ 105, 108, 109, 18 AktG., § 20 der 1. DVO. z. AktG.; anwendbar dürfte auch § 106 Abs. 3 AktG. sein, welcher Aktionären, deren Anteile zusammen den zwanzigsten Teil des Grundkapitals erreichen, das Recht gibt, zu verlangen, daß bestimmte Gegenstände zur Beschlußfassung dieser Hauptversammlung angekündigt werden;
b) über die Verhandlungsniederschrift: § 111 AktG., womit aber auch § 110 AktG. über das Teilnehmerverzeichnis anwendbar erscheint, da nach § 111 (Abs. 4 AktG.) der Niederschrift das Verzeichnis der Teilnehmer beigefügt werden muß;
c) über das Auskunftsrecht: § 112 AktG.;
d) über das Stimmrecht: § 114 AktG., insbesondere auch Abs. 4 über das Bankenstimmrecht und über die Notwendigkeit, bloße Legitimationsaktien als solche zu bezeichnen (§ 110 AktG.). Vollmachten müssen schriftlich erteilt werden (§ 114 Abs. 3 AktG.).

Was das Gewicht des Stimmrechts der einzelnen Aktien betrifft, so ist die Anwendung der Bestimmungen des AktG. durch Abs. 2 großenteils wieder aufgehoben, wonach es nur auf den Nennbetrag ankommt, so daß insbesondere auch nach Abs. 2 alle Beschränkungen des Stimmrechts wegfallen, von denen nach Abs. 1 übrigens nur diejenigen nach § 43 Abs. 4 AktReg. im Hinblick auf § 114 Abs. 1 Satz 3 AktG. beachtlich wären.

Frage ist, ob nach Abs. 1 das Vorstehende auch für Beschlüsse über weitere Verhandlungsgegenstände gilt, welche etwa von dieser Hauptversammlung miterledigt werden.

Für den Beschluß über die Anpassung der Satzung an die Bestimmungen des AktG. ist dies gesetzlich entschieden und auf Grund § 7 Abs. 2 der 2. EinfVO. zu bejahen. Daß für diesen Beschluß eine ausdrückliche, inhaltlich gleiche Bestimmung gegeben ist, läßt die Folgerung nicht zu, daß dasselbe nicht auch für Beschlüsse derselben Hauptversammlung über andere Verhandlungsgegenstände gilt. Dafür spricht schon der Wortlaut des Abs. 1, weil er die Vorschriften des AktG. nicht für die im § 13 genannten Gegenstände der Tagesordnung anwendbar erklärt, sondern überhaupt für die Hauptversammlung, welche über diese Gegenstände beschließt. Es sprechen dafür aber auch innere Gründe. Denn zunächst ist schon bei der Einberufung und der Niederschrift eine verschiedene Behandlung nach den einzelnen Gegenständen der Tagesordnung nicht möglich. Es ist aber auch nicht angängig, die Ausübung des Stimmrechts in ein und derselben Hauptversammlung je nach den einzelnen Punkten der Tagesordnung nach verschiedenen Rechten zu behandeln. Es wird also ein Verwaltungsträger bei dem Abschluß über die Entlastung (§ 4) nicht mitstimmen können, wenn er von diesem Beschluß betroffen wird. Für die Stimmrechtsvollmacht, für das Bankenstimmrecht, für die Legitimationsaktien gelten § 114 Abs. 2 und 3 und § 110 AktG., auch soweit es sich um derartige weitere Verhandlungsgegenstände handelt.

Was dagegen das Gewicht des Stimmrechts (über das Stimmrecht der nicht voll bezahlten Aktien vgl. Anm. 2 und Anm. 3 a. E.), das Stimmrecht der Genußscheininhaber, die Abstimmung nach Gattungen und die erforderlichen Mehrheiten betrifft, so gelten für diese weiteren Gegenstände der Tagesordnung die bisherigen Bestimmungen; denn in dieser Hinsicht stellt Abs. 2 wieder eine Sondervorschrift auf, welche ausdrücklich nur für die Beschlußfassung und Umstellung gilt. Nur für den Beschluß über die Anpassung der Satzung gilt nach besonderer Vorschrift (§ 7 Abs. 3 der 2. EinfVO.) für die erforderliche Stimmenmehrheit das gleiche wie für den Beschluß über die Eröffnungsbilanz, die Einziehung von Aktien und die Umstellung.

Ebenso fällt das nach den bisherigen Vorschriften bestehende Erfordernis der staatlichen Genehmigung von Satzungsänderungen nach § 14 dieser Verordnung und § 22 der 2. EinfVO. nur für die Beschlüsse über die Eröffnungsbilanz, die Einziehung von Aktien, die Umstellung und die Anpassung der Satzung an das AktG. weg; für alle übrigen satzungsändernden Beschlüsse bleibt es so lange bestehen, bis die Anpassung der Satzung in das Handelsregister eingetragen oder nach § 8 Abs. 3 Schlußhalbsatz der 2. EinfVO. die gerichtliche Bestellung der Aufsichtsratsmitglieder im Handelsregister vermerkt ist; nur für die Erhöhung des Grundkapitals auf 100 000 RM gemäß § 9, die im Grunde auch nur eine Maßnahme der Anpassung ist, dürfte die staatliche Genehmigung nicht erforderlich sein.

Das Erfordernis der Eintragung, ohne die nach § 148 AktG. kein satzungsändernder Beschluß wirksam werden kann, bestand auch nach österreichischem Recht (Art. 214 Abs. 3 AHGB.).

Die Vorschriften der §§ 19—24 über die Anfechtbarkeit und Nichtigkeit sind auf alle Beschlüsse dieser Hauptversammlung anzuwenden, wie dem Wortlaut des § 19 zu entnehmen ist, gleichgültig ob sie gefaßt werden, bevor oder nachdem das AktG. für die Gesellschaft nach § 7 Abs. 4 oder § 8 Abs. 3 der 2. EinfVO. in Kraft getreten ist.

Handelt es sich im vorstehenden darum, nach welchem Recht die Beschlüsse dieser Hauptversammlung zustande kommen und bestehen, so ist davon wieder zu unterscheiden, nach welchem Recht sich die Zulässigkeit und Ordnungsmäßigkeit ihres Inhalts richtet und ihre Wirkungen zu beurteilen sind. Da der Beschluß, durch den die Satzung dem AktG. angepaßt wird, erst mit der Eintragung wirksam wird und erst von letzterer an das AktG. für die Gesellschaft zu gelten beginnt, so geht zwar die Beschlußfassung über die Umstellung und Anpassung und etwaige weitere Verhandlungsgegenstände diesem Beginn der Geltung des AktG. noch voraus. Aber trotzdem muß angenommen werden, daß auch für den Inhalt, die Zulässigkeit und die Wirkung aller Beschlüsse, die gleichzeitig mit der Umstellung und der Anpassung der Satzung gefaßt werden, das AktG. gilt (für Beschlüsse, die nach der Eintragung der Anpassung gefaßt werden, ist dies nach § 7 der 2. EinfVO. selbstverständlich), soweit nicht die Verordnung Sondervorschriften enthält. Es ergibt sich dies aus der Natur der Sache; denn es wäre unerträglich, wenn sozusagen im letzten Augenblick trotz bevorstehender Eintragung der Satzungsanpassung und trotz bevorstehenden Inkrafttretens des

AktG. noch Beschlüsse gefaßt oder gar noch gleichzeitig mit eingetragen werden könnten, welche mit ihm nicht vereinbar sind oder Wirkungen haben sollen, die ihm unbekannt sind. Für die Eröffnungsbilanz ist durch § 2 die Geltung des AktG. besonders vorgeschrieben. Für die mit der Umstellung verbundene Umwandlung versteht sie sich ferner schon um deswillen von selbst, weil dem österreichischen Recht die Umwandlung überhaupt nicht bekannt war; sie könnte also gleichzeitig mit der Umstellung ohne vorgängiges Inkrafttreten des AktG. überhaupt nicht beschlossen werden, wenn die hier vertretene Ansicht nicht anerkannt würde (vgl. hierzu Abs. 4 der Anm. 2 zu § 10). Aber auch von einem Kapitalerhöhungsbeschluß, insbesondere nach § 9, und einem Kapitalherabsetzungsbeschluß muß dies gelten. Es kann nicht sein, daß etwa bei einer Kapitalerhöhung noch junge Aktien mit einem Nennwert unter 1000 RM geschaffen würden; andererseits sind auch die dem österreichischen Recht unbekannten Vorschriften über genehmigtes Kapital und bedingte Kapitalerhöhung anwendbar.

2. Für den Beschluß der Hauptversammlung über die Eröffnungsbilanz, die Einziehung von Aktien und die Umstellung genügt die einfache **Mehrheit** des bei der Beschlußfassung vertretenen Grundkapitals ohne Rücksicht auf die Stimmenzahl, und zwar ohne Rücksicht darauf, ob die Vorschriften des AktG. für die Gesellschaft schon gelten oder noch nicht. Hierin liegt:

a) daß grundsätzlich die einfache Mehrheit genügt, also auch wenn nach Satzung oder sonstigen Gesetzesbestimmungen eine qualifizierte Mehrheit erforderlich wäre;

b) daß nur die Nennbeträge gezählt werden und daß es nicht auf das damit verbundene Stimmrecht ankommt. Also kommen Mehrstimmrechte nicht zur Geltung, aber auch nicht Beschränkungen des Stimmrechts nach § 43 Abs. 4 AktReg., § 114 Abs. 1 Satz 3 AktG.;

c) daß ein satzungsmäßig Genußscheinen eingeräumtes Stimmrecht nicht zur Geltung kommen kann, weil diese nicht zum Grundkapital gehören, also bei Feststellung der Mehrheit des Grundkapitals nicht mitgerechnet werden können. Dies ist eine Härte, weil die Genußscheine von der Umstellung stark betroffen werden, ergibt sich aber unabweislich aus dem Wortlaut des Gesetzes und würde sich ohne die Sondervorschrift des Abs. 2 auch aus Abs. 1 ergeben, weil das hiernach maßgebende AktG. den Genußscheinen kein Stimmrecht gewährt;

d) für nicht voll bezahlte Aktien gelten nach § 11 der 2. EinfVO. die Vorschriften des bisherigen Rechts für die vor dem 1. Juli 1939 stattfindenden Hauptversammlungen, also insbesondere immer für den Anpassungsbeschluß, weil dieser vor dem 1. Juli 1939 gefaßt sein muß. Nach diesem Zeitpunkt gilt für die Beschlüsse der Umstellungshauptversammlung hinsichtlich des Stimmrechts der nicht voll bezahlten Aktien § 114 Abs. 2 Akt.G. Ob sie ein Stimmrecht haben oder nicht, muß sich also aus der angepaßten Satzung ergeben. Aus der Sondervorschrift des

Abs. 2 ergibt sich unmittelbar nichts darüber, in welcher Höhe sie — ihr Stimmrecht nach der Satzung vorausgesetzt — bei der Feststellung des vertretenen Grundkapitals und bei der Feststellung der Mehrheit mitgerechnet werden. Es entspricht aber dem Sinn des nach Abs. 1 anwendbaren Abs. 2 des § 114 AktG., sie in beiden Beziehungen nur mit dem Betrag der auf das Grundkapital geleisteten Einlagen mitzuzählen (siehe auch Anm. 3 a. E.).

3. Wenn mit der Tagesordnung noch andere Gegenstände verbunden sind, so ist Abs. 2 nach seinem ausdrücklichen Wortlaut auf die Beschlußfassung über diese anderen Gegenstände nicht anzuwenden. Es gelten die bisherigen Vorschriften (auch Satzungsvorschriften), wenn die Beschlußfassung nicht nach der Anpassung der Satzung an die Vorschriften des AktG. stattfindet; andernfalls gelten die Vorschriften des letzteren (und der neuen Satzung). Es kann also diesbezüglich ein etwaiges Mehrstimmrecht zur Geltung kommen, ebenso kann es sein, daß verschiedene Aktiengattungen getrennt abstimmen müssen. Es können auch andere Mehrheiten gelten, insbesondere wird es nicht auf die Mehrheit des bei der Beschlußfassung vertretenen Grundkapitals, sondern auf die Stimmenzahl ankommen. Für nicht voll bezahlte Aktien gilt § 11 Abs. 2 der Durchführungsverordnung.

4. Die Vorschrift handelt nur von den Erfordernissen eines gültigen Hauptversammlungsbeschlusses und darf nicht dahin verstanden werden, daß damit alle Erfordernisse für eine wirksame Umstellung erschöpft sind. So handelt § 14 von der staatlichen Genehmigung, § 15 von der Eintragung; bei der Kommanditgesellschaft a. A. tritt hinzu, daß die persönlich haftenden Gesellschafter zustimmen müssen. Ob für diese Zustimmung das AktG. oder das bisherige österreichische Recht gilt, ist zweifelhaft. Im Sinn des § 13 liegt es wohl, die Bestimmungen des AktG. (§ 227, insbesondere Abs. 5, also auch Abs. 2) anzuwenden. Es empfiehlt sich dies um so mehr, als auch nach österreichischem Recht keine strengeren Vorschriften bestehen.

§ 14.

Die Beschlüsse von Aktiengesellschaften und Kommanditgesellschaften auf Aktien nach § 13 bedürfen der im Allgemeinen Handelsgesetzbuch vom 17. Dezember 1862 (RGBl. Nr. 1/1863) und im Vereinsgesetz vom 26. November 1852 (RGBl. Nr. 253) vorgeschriebenen staatlichen Genehmigung auch dann nicht, wenn sie vor dem 1. Januar 1939 gefaßt werden. Die Vorschriften des Versicherungsregulativs vom 7. März 1921 (BGBl. Nr. 141) bleiben unberührt.

Auch hier tritt die Frage auf, ob Beschlüsse, welche mit der Umstellung verbunden werden, die eine Änderung der Satzung bedeuten (Verlegung des Geschäftsjahres, Kapitalerhöhung oder -herabsetzung, Umwandlung), der staatlichen Genehmigung bedürfen. Dies ist zu bejahen, wenn nicht schon vorher die Anpassung der Satzung an das AktG. beschlossen und eingetragen ist, und wenn es sich nicht um Änderungen der Satzung handelt, die gerade beschlossen werden, um sie an das AktG. anzupassen (§ 22 der 2. EinfVO.). Davon abgesehen, wird man aber annehmen dürfen, daß auch für solche Beschlüsse, wenn sie von der Hauptversammlung gefaßt werden, welche die Umstellung beschließt, unter § 13 Abs. 1 fallen, weil es unerträglich scheint, daß ein und dieselbe Hauptversammlung nach verschiedenen Rechten tagen soll (siehe § 13 Anm. 1).

§ 15.

(1) **Bei der Anmeldung des Beschlusses über die Umstellung sind die festgestellte Eröffnungsbilanz und die Berichte des Vorstands (der persönlich haftenden Gesellschafter) und des Aufsichtsrats sowie der Bericht der Abschlußprüfer zum Handelsregister des Sitzes der Gesellschaft einzureichen.**

(2) **Dies gilt für die Gesellschaft mit beschränkter Haftung sinngemäß. Der Anmeldung ist eine von den Anmeldenden unterschriebene Liste der Gesellschafter beizufügen, aus der Name, Beruf und Wohnort der Gesellschafter sowie ihre Stammeinlagen und die darauf noch zu leistenden Einzahlungen zu entnehmen sind. § 26 Abs. 3 des Gesetzes über Gesellschaften mit beschränkter Haftung bleibt unberührt.**

Der Beschluß über die Umstellung ist nicht wirksam, ohne im Handelsregister eingetragen zu werden. Dies ergibt sich, wenn die Anpassung an die Satzung schon vorher eingetragen worden ist, demnach für die Gesellschaft das AktG. schon gilt, aus § 148 AktG., sonst aus Art. 214 (3) AHGB. Es braucht nicht jedes Vorstandsmitglied (persönlich haftender Gesellschafter) mitzuwirken; vielmehr ist nur die *Mitwirkung von soviel Personen* erforderlich, als *zur Vertretung der Gesellschaft* nach der Satzung *nötig* ist.

Nach § 16 (3) ist es zwar ausgeschlossen, daß die Umstellung vor der Satzungsanpassung eingetragen, aber nicht, daß sie vor ihr angemeldet wird. Trotzdem werden beide Beschlüsse wohl fast immer gleichzeitig angemeldet werden, wenn nicht die Anmeldung der Satzungsanpassung vorhergeht. Diese setzt nach § 8 Abs. 2 der 2. EinfVO. voraus, daß *der neue Vorstand* im Sinne des AktG. bestellt ist; aber das Amt des alten Vorstands erlischt erst mit der Eintragung des neuen (§ 8 Abs. 3 der 2. EinfVO.). Demnach ist zweifellos der alte Vorstand gemäß den bisherigen Bestimmungen anmeldungspflichtig und -befugt.

Die Stellung, welche der neue Vorstand bis zu seiner Eintragung neben dem alten einnimmt, ist etwas problematisch; denn einerseits ist sie von der Eintragung nicht abhängig, andrerseits ein Nebeneinanderregieren unter Umständen unerträglich. Indessen hat aus dem ersteren Grunde der neue Vorstand die Möglichkeit, selbst sich und anschließend die Umstellung zur Eintragung anzumelden, und ist kein Grund erkennbar, warum er nicht sollte beide Anmeldungen verbinden können. Dies wird als statthaft anzusehen sein.

Auch für die Anmeldung bei den Zweigniederlassungen sind die Vorschriften des AktG. (§ 36) maßgebend, wenn es sich um Aktiengesellschaften handelt; dies folgt daraus, daß die Eintragung bei einer Zweigniederlassung jene bei der Hauptniederlassung voraussetzt, also dem Inkrafttreten der Bestimmungen des AktG. in jedem Falle nachfolgt. Handelt es sich um eine G. m. b. H., so bleiben dagegen die Bestimmungen des österreichischen GmbH.-Gesetzes maßgebend.

§ 16.

(1) Das Registergericht soll der Handelskammer unverzüglich von der Anmeldung und Einreichung Kenntnis geben.

(2) Die Umstellung soll in der Regel erst dann eingetragen werden, wenn die Beschlüsse fristgemäß nicht angefochten worden sind oder die Anfechtung rechtskräftig zurückgewiesen worden ist.[1] [2]

(3) Die Umstellung von Aktiengesellschaften und Kommanditgesellschaften auf Aktien soll ferner nur dann eingetragen werden, wenn die Beschlüsse der Hauptversammlung über die Anpassung der Satzung der Gesellschaft an das Aktiengesetz bereits eingetragen sind oder gleichzeitig mit der Umstellung eingetragen werden.[3]

1. Der Handelskammer steht das Recht zu, die Umstellung anzufechten (§ 21). Darum braucht das Registergericht die Äußerung der Handelskammer nicht abzuwarten, kann vielmehr den Beschluß eintragen, sobald keine Anfechtung mehr möglich ist. Der Beschluß über die Satzungsanpassung ist, auch wenn er gleichzeitig mit der Umstellung angemeldet wird, alsbald auch vor Ablauf der Anfechtungsfrist einzutragen.

2. Die Anfechtungsfrist beträgt einen Monat vom Tag der Hauptversammlung an. Regelmäßig muß der anfechtende Aktionär in der Hauptversammlung Widerspruch zur Niederschrift erklären. Aber nicht für jede Anfechtung ist dies notwendig. Es gibt Anfechtungsgründe, welche einen Widerspruch nicht voraussetzen, z. B. die Anfechtung wegen Verfolgung eines gesellschaftsfremden Interesses. Ebenso setzt die Anfechtung durch den Vorstand oder ein Mitglied des Vorstandes oder Aufsichtsrates oder die Handelskammer nicht voraus, daß Widerspruch zur Niederschrift erklärt ist. Der Registerrichter kann also der Niederschrift nicht entnehmen, ob mit einer Anfechtung zu rechnen ist, und wird daher regelmäßig einen Monat warten müssen, bevor er den Beschluß einträgt.

3. Die Anpassung der Satzung kann schon vor dem 1. Januar 1939 beschlossen werden. Spätestens muß sie am 1. Juli 1939 beschlossen sein (§ 7 der 2. EinfVO.). Nach dem Gesetzeswortlaut scheint es möglich, daß die Anmeldung des Beschlusses zur Eintragung dann noch bis zur Anmeldung der Umstellung, ja bis zum Ablauf der Frist für die Anfechtung des Umstellungsbeschlusses hinausgeschoben wird, sofern nur auch der Aufsichtsrat vor dem 1. Juli 1939 gewählt und damit die Folge des § 8 Abs. 3 der 2. EinfVO. vermieden wird. Es ist aber nicht anzunehmen, daß dies der Gesetzesabsicht entspricht, vielmehr, daß die Anmeldung unverzüglich nach dem 1. Juli 1939 geschehen muß. Die Umstellung soll nach dem Willen des Gesetzes keinesfalls früher wirksam werden als die Anpassung der Satzung an die Bestimmungen des AktG.

4. Spätestens gleichzeitig mit der Eintragung tritt das AktG. für die Gesellschaft in Kraft. Also auch §§ 32, 33 AktG. Demnach muß die Eintragung öffentlich bekanntgemacht werden.

§ 17.

Das Registergericht kann die Eintragung der Umstellung auch dann ablehnen, wenn die Abschlußprüfer oder die sachverständigen Revisoren (§ 46 des Gesetzes über Gesellschaften mit beschränkter Haftung) erklären oder wenn es offensichtlich ist, daß die Eröffnungsbilanz nicht nach den Grundsätzen ordnungsmäßiger Buchführung aufgestellt wurde.

Die Vorschrift entspricht § 1 Abs. 2 AktG. (vgl. die Erläuterungen hierzu). Dem Registerrichter steht das Recht zu und obliegt die Pflicht, die Umstellung zu prüfen. Er kann die Eintragung ablehnen, nicht nur wegen formeller Verstöße oder wegen Verstoßes gegen zwingende Vorschriften, sondern auch, wenn es offensichtlich ist oder von dem Abschlußprüfer erklärt wird, daß die Eröffnungsbilanz nicht nach den Grundsätzen ordnungsmäßiger Buchführung aufgestellt wurde. Es nimmt wunder, daß hier auf die Grundsätze ordentlicher Buchführung verwiesen ist, während doch § 3 eigene Bewertungsgrundsätze aufstellt und die Grundsätze ordnungsmäßiger Buchführung sehr wohl auch andere Bewertungsmaßstäbe zulassen.

§ 18.

(1) Die auf Schillinge lautenden Aktien[1]) sind in Aktien, die auf Reichsmark lauten, umzutauschen oder abzustempeln. Müssen Aktien zusammengelegt werden, so ist auf den Umtausch und die Abstempelung § 179 des Aktiengesetzes, andernfalls § 67 des Aktiengesetzes sinngemäß anzuwenden.[2–5])

(2) Bevor die Umstellung in das Handelsregister eingetragen ist, dürfen die Aktien nicht umgetauscht oder abgestempelt

werden.[7][8]) Die für die Einreichung der Aktien gesetzte Frist soll sich aber nicht über ein Jahr nach der Eintragung der Umstellung hinaus erstrecken.[6])

(3) Die Ausgabe der neuen Aktien bedarf keiner Genehmigung nach § 8 Abs. 2 des Aktiengesetzes. Werden Mehrstimmrechtsaktien umgetauscht, so bedarf die Ausgabe der neuen Aktien keiner Genehmigung nach § 12 Abs. 2 des Aktiengesetzes, wenn das Verhältnis von Stimmenzahl und Nennbetrag unverändert bleibt oder sich zuungunsten der Stimmenzahl ändert.[9])

(4) Das Registergericht kann die Vorstandsmitglieder zur Durchführung des Umtausches oder der Abstempelung durch Ordnungsstrafen anhalten.[10]) Der Vorstand und der Vorsitzer des Aufsichtsrats oder dessen Stellvertreter haben die Durchführung zur Eintragung in das Handelsregister anzumelden.[11])

(5) Bevor die Umstellung in das Handelsregister eingetragen ist, dürfen neue Geschäftsanteile nicht gebildet werden. Werden im Falle der Verminderung der Zahl der Geschäftsanteile der Gesellschaft Anteile nicht zur Verwertung für Rechnung der Beteiligten zur Verfügung gestellt, so sind die an Stelle der bisherigen Geschäftsanteile zu bildenden neuen Geschäftsanteile für Rechnung der Beteiligten durch die Gesellschaft im Wege der öffentlichen Versteigerung zu verkaufen. Der Erlös ist den Beteiligten nach Abzug der Kosten auszuzahlen oder, wenn ein Recht zur Hinterlegung besteht, zu hinterlegen.

1. Bis zur Umstellung ist zwar nach § 1 Abs. 3 bilanzmäßig das Grundkapital schon mit einem Reichsmarkbetrag einzusetzen, bleibt es aber davon abgesehen bei seinem Nennbetrag in Schilling. Dasselbe gilt von dem Nennbetrag der Aktien. Erst durch die Umstellung erhalten Grundkapital und Aktien einen Nennbetrag, der auf Reichsmark lautet. Nunmehr müssen auch die Aktienurkunden dieser Veränderung angepaßt werden. Folgende Fälle sind denkbar:

2. a) Der Nennbetrag der Aktien gemessen an dem zwischen Schilling und Reichsmark bestehenden Verhältnis von 3 zu 2 wird ermäßigt (z. B. aus einer Aktie von 300 Schilling wird eine solche nicht von 200 RM, sondern von 100 RM). Das Aktienrecht bleibt aber im übrigen unversehrt als ein einzelnes bestehen. Hier wird nur die alte Aktienurkunde gegen die neue umgetauscht oder mit einem entsprechenden Aufdruck (Stempel) versehen. Wird die alte Urkunde nicht eingereicht, so wird sie nach den Grundsätzen des § 67 AktG. für kraftlos erklärt und die neue hinterlegt (siehe die Erl. zu § 67 und Anm. I a zu § 179 AktG.).

3. b) Sehr ähnlich liegt der Fall, daß der Nennbetrag der Aktien gemessen an dem zwischen Schilling und Reichsmark bestehenden Verhältnis

von 3 zu 2 unverändert bleibt oder gar erhöht wird (z. B. aus einer Aktie von 300 Schilling wird eine solche von 200 RM oder von 300 RM oder gar 400 RM). Auch hier bleibt das Aktienrecht als einzelnes bestehen. Die alte Urkunde wird gegen die neue umgetauscht oder mit einem entsprechenden Aufdruck versehen. Wird aber die Urkunde nicht eingereicht, so entsteht hier die Frage, ob sie auch in diesem Falle nach § 67 AktG. für kraftlos erklärt werden soll. § 67 AktG. selbst schließt die Kraftloserklärung für alle Fälle der Änderungen des Nennbetrages aus, wenn er nicht zur Herabsetzung des Grundkapitals herabgesetzt wird. Andererseits erklärt Satz 2 des Abs. 1, daß bei der Umstellung § 67 sinngemäß anzuwenden sei, wenn die Aktien nicht zusammengelegt werden. Besteht auch kein Bedürfnis nach Kraftloserklärung unter dem Gesichtspunkt des Schutzes des redlichen Verkehrs, so hat doch die Gesellschaft ein Interesse daran, daß die Aktienurkunden mit dem Nennbetrag übereinstimmen. Man wird deshalb die Kraftloserklärung wie im Falle a (Anm. 2) auch in diesen beiden Fällen zulassen müssen. Die neue Urkunde wird wie im Falle a für den legitimierten Inhaber der bisherigen Urkunde hinterlegt.

4. c) Die Aktien sind nach § 9 Abs. 5 zusammenzulegen. In diesem Fall kann nicht jedes einzelne Aktienrecht bestehen bleiben, vielmehr wird ein Teil der Rechte vernichtet. Dieses Verfahren ist in § 179 AktG. geregelt (vgl. Erl. hierzu).

5. Es kann sein, daß zusätzliche Aktien auszugeben sind (vgl. Anm. 3—5 zu § 9). Dabei kann es sein, daß auf jede bisherige Aktie oder nur auf mehrere zusammen eine zusätzliche Aktie entfällt.

Wird die alte Urkunde nicht eingereicht, so ist im ersteren Falle die zusätzliche Aktie gleichfalls zu hinterlegen, im anderen für Rechnung der Beteiligten zu verwerten und der Erlös zu hinterlegen. Die Verwertung ist zusammen mit der Kraftloserklärung anzudrohen.

6. Die nach § 67 AktG. oder nach § 179 AktG. festzusetzende Frist soll sich nicht über ein Jahr nach der Eintragung der Umstellung erstrecken. Die Bestimmung hat sich in den Abs. 2 verirrt, sie gehört in Abs. 1. Das Wort „aber“ ist unverständlich.

7. Die Umstellung wird wirksam erst durch die Eintragung in das Handelsregister. Dies gilt für jeden der oben unter a bis d aufgeführten Fälle. Auch wenn der Nennbetrag des Grundkapitals höher als bisher festgesetzt, also auch der Nennbetrag der Aktien heraufgesetzt oder eine zusätzliche Aktie zugeteilt wird, bedarf es nicht erst der Zeichnung des erhöhten Kapitals, es erhöht sich vielmehr ohne weiteres in der Hand der bisherigen Aktionäre. Darum bedarf es auch in einem solchen Falle nicht einer „Durchführung der Kapitalerhöhung“ und deren Eintragung nach § 156 AktG., ebenso ist, wenn eine geringere Kapitalziffer festgesetzt wird, die Grundkapitalziffer sofort mit der Eintragung ermäßigt. Dasselbe gilt von dem Nennbetrag der Aktien, wenn dieser herabgesetzt wird — hier betreffen die Ausführungsmaßnahmen nur die Urkunde —; nur wenn eine Zusammenlegung notwendig

wird, ist deren Durchführung erforderlich, um die Gestaltung der Aktienrechte in Einklang mit dem gefaßten Beschluß und dem gesetzlichen Mindestnennbetrag zu bringen. Eine Vorschrift entsprechend der für die echte Kapitalherabsetzung überflüssigerweise gegebenen Vorschrift des § 180 AktG. (siehe Erl. hierzu), welche die Anmeldung der durchgeführten Kapitalherabsetzung vorschreibt, enthält Abs. 4 Satz 2. Sie hat aber hier sowenig wie dort mit der Wirksamkeit der Umstellung etwas zu tun. Die Umstellung tritt daher (ungeachtet der Notwendigkeit der Ausführungsmaßnahmen bei der Zusammenlegung) sofort mit der Eintragung ein, wenn auch nicht vorher.

8. Dementsprechend dürfen die Aktien nicht vorher umgetauscht oder abgestempelt werden. Wird das Verbot verletzt und mit dem Umtausch oder der Abstempelung begonnen, bevor die Umstellung eingetragen ist, so wird dieser Verstoß geheilt, wenn die Umstellung nachträglich so eingetragen wird, wie sie beschlossen wurde. Es würde keinen vernünftigen Sinn haben, in einem solchen Falle den Verkehr trotz der Eintragung mit der Unsicherheit zu beschweren, die die Nichtigkeit der inzwischen vorgenommenen Umtausch- oder Abstempelungshandlungen mit sich bringen muß. Bis zur Eintragung muß aber der Stempelaufdruck als unbeachtlich und die neu ausgegebene Urkunde als nichtig, die alte dagegen als voll in Kraft befindlich angesehen werden. Ist sie von der Gesellschaft vernichtet, so wird diese, ohne daß es eines Verfahrens nach § 66 AktG. bedarf, eine neue „alte", also auf Schilling lautende Urkunde herstellen und dem Einreicher der vernichteten Urkunde aushändigen dürfen und müssen. Die Erwerbsakte, welche sich an der ausgegebenen Reichsmarkurkunde vollzogen haben, sind nichtig. § 34 Abs. 4 Schlußhalbsatz AktG. ist entsprechend anzuwenden.

9. Die Bestimmung besagt Selbstverständliches und entspricht § 2 Abs. 2 der 1. DVO. z. AktG. (siehe die Erl. hierzu).

10. Da Umtausch und Abstempelung die Eintragung des Umstellungsbeschlusses und letzterer die Eintragung der Satzungsanpassung voraussetzen, welche die Bestimmungen des Aktiengesetzes für die Gesellschaft in Kraft setzt, gilt für die Ordnungsstrafe § 303 AktG. in Verbindung mit § 14 HGB. und der VO. über Vermögensstrafen und Bußen vom 6. Februar 1924 (RGBl. I S. 44) in der nach § 2 der DVO. zum MünzG. vom 12. Dezember 1924 (RGBl. I S. 775) bedingten Fassung. Danach beträgt eine Ordnungsstrafe mindestens eine und höchstens eintausend Reichsmark. Es ist nicht gestattet, sie in eine Freiheitsstrafe umzuwandeln. Der Registerrichter kann im allgemeinen nicht wissen, ob die Vorstandsmitglieder den Umtausch und die Abstempelung durchführen, und nur wenn die Anmeldung nach Anm. 11 unterbleibt, hieraus schließen, daß der Umtausch oder die Abstempelung nicht durchgeführt worden ist. Regelmäßig wird er also zuerst die Anmeldung nach Anm. 11 durch Ordnungsstrafen zu erzwingen suchen und gegenüber der Verteidigung, daß die Abstempelung oder der Umtausch noch nicht durchgeführt sei, mit Ordnungsstrafen nach Satz 1 vorgehen, welche Abstempelung oder Umtausch erzwingen sollen.

11. Diese Bestimmung entspricht § 180 Abs. 1 AktG. (vgl. die Erl. daselbst). Die Anmeldung ist durch Ordnungsstrafen erzwingbar. § 180 Abs. 2 ist nicht anwendbar. Dies ergibt sich aus Abs. 2 dieser Vorschrift.

Artikel 3.

§ 19.

Für die Nichtigkeit der Beschlüsse der Hauptversammlung einer Aktiengesellschaft oder einer Kommanditgesellschaft auf Aktien, die über die Eröffnungsbilanz, die Einziehung von Aktien und die Umstellung beschließt, gelten die Vorschriften des Aktiengesetzes, soweit die folgenden Vorschriften nichts anderes bestimmen, und zwar auch dann, wenn die Beschlüsse vor dem 1. Januar 1939 gefaßt werden.[1–5])

1. a) Die folgenden Vorschriften handeln von der **Nichtigkeit der Beschlüsse** der Hauptversammlung einer Aktiengesellschaft oder Kommanditgesellschaft auf Aktien über die Eröffnungsbilanz, die Einziehung von Aktien und die Umstellung. Der Nichtigkeitsbegriff ist ebenso wie der des AktG. der weitere Begriff, der sowohl die Nichtigkeit im engeren Sinne (§ 195 AktG.) wie auch die Nichtigkeit zufolge Nichtigkeitserklärung auf Grund einer Anfechtungsklage §§ 197 ff. AktG. umfaßt.

2. Sowohl für die Nichtigkeit als auch Anfechtbarkeit der Beschlüsse der Hauptversammlung einer Aktiengesellschaft oder Kommanditgesellschaft auf Aktien über die Eröffnungsbilanz, Einziehung eigener Aktien und Umstellung gelten die Vorschriften des AktG., auch wenn die Beschlüsse gefaßt werden, bevor die Anpassung der Satzung eingetragen ist. Dasselbe gilt aber auch für alle anderen Beschlüsse, welche diese Hauptversammlung faßt, also von dem Beschluß über die Schlußbilanz, die Entlastung, die etwaige Verlegung des Geschäftsjahres, Kapitalherabsetzung oder Kapitalerhöhung oder Umwandlung. Dies ergibt der Wortlaut. Ob eine Gesetzesverletzung vorliegt, mit welcher eine Anfechtung oder Nichtigkeit begründet werden kann, ist bei der Schlußbilanz und Entlastung allerdings nach bisherigem Recht zu beurteilen.

3. Die Vorschriften des AktG. gelten sowohl über:

a) die Gründe der Nichtigkeit (§ 195 AktG.; siehe Erl. hierzu) und der Anfechtbarkeit (§ 197 AktG.; siehe Erl. hierzu) einschließlich des Wegfalles der Nichtigkeit durch Heilung (§ 196; siehe Erl. hierzu), weil es sich um Beschlüsse handelt, welche einzutragen sind,

b) über die Voraussetzungen ihrer Geltendmachung und über das Verfahren (§§ 198 Ziff. 1, 199, 201 AktG.; siehe Erl. hierzu),

c) über die Befugnis zur Geltendmachung (§ 198; siehe Erl. hierzu),
d) über die Tragweite und Wirkung der Nichtigkeit und Nichtigkeitserklärung (§§ 200, 201 AktG.),
e) über das Verfahren der Anfechtung (§§ 199, 200 AktG.).

Fast in allen diesen Beziehungen werden aber die Vorschriften des AktG. durch die Vorschriften dieser Verordnung ergänzt oder abgeändert:

zu a: durch § 20,
zu b: durch §§ 22 und 23 Satz 2,
zu c: durch § 21,
zu d: durch § 22 Abs. 4, der dem Gericht auch eine Änderung des angefochtenen Beschlusses gestattet,
zu e: durch § 22.

4. Einer besonderen Untersuchung bedarf die Rückwirkung der Nichtigkeit des Beschlusses über die Eröffnungsbilanz auf den Rechtsbestand des Umstellungsbeschlusses. Die Eröffnungsbilanz kann wegen willkürlicher Überbewertung der Aktiven oder Unterbewertung der Passiven nichtig sein (Anm. 24 zu § 3, RGZ. 120 S. 266); über stille und übermäßige freie offene Rücklagen vgl. Anm. 23 zu § 3 und Anm. 3 zu § 5.

Zwischen Eröffnungsbilanz und Umstellung besteht nicht nur ein logischer, sondern nach § 5 Abs. 2 auch ein rechtlicher Zusammenhang. Man wird daher den Umstellungsbeschluß als nichtig ansehen müssen, wenn der Beschluß über die Eröffnungsbilanz nichtig oder auf Anfechtungsklage für nichtig erklärt ist (ebenso RGZ. 120 S. 366 oben; vgl. Anm. 5 f zu § 201 AktG. und Anm. 2 b zu § 200 AktG.). Ein nichtiger Beschluß über die Eröffnungsbilanz ist nicht heilbar, weil er nicht in das Handelsregister eingetragen wird (§ 196 AktG.). Der Umstellungsbeschluß dagegen wird eingetragen; seine Nichtigkeit kann also nach Ablauf von drei Jahren nach der Eintragung zufolge § 196 Abs. 2 AktG. nicht mehr geltend gemacht werden. Der rechtliche Zusammenhang eines Beschlusses mit einem anderen nichtigen Beschluß wird vom Gesetzgeber als besonderer Nichtigkeitsgrund nicht angeführt, er führt die Nichtigkeit des ersteren vielmehr nur gemäß § 195 Ziff. 3 AktG. herbei; demnach wird der auf einer nichtigen Eröffnungsbilanz aufgebaute Umstellungsbeschluß durch Eintragung und Zeitablauf geheilt. Die Löschung des Beschlusses von Amts wegen nach § 144 Abs. 2 FGG. (nach Einführung des FGG. im Lande Österreich) wird dadurch aber nicht ausgeschlossen. Der Registerrichter hat sie nach pflichtgemäßem Ermessen vorzunehmen, wenn die Beseitigung im öffentlichen Interesse erforderlich erscheint (vgl. Anm. 11 zu § 195). Ob dies zutrifft, hängt von der Lage des Falles ab; unter Umständen kann das verletzte öffentliche Interesse durch andere neue Maßnahmen der

Gesellschaft, die der Registerrichter anregen kann, gewahrt werden (vgl. KG. in JW. 38 S. 304 B). Die Löschung des Umstellungsbeschlusses hat zur Folge, daß er, obwohl nach § 196 Abs. 2 Satz 1 geheilt, nach § 195 Ziff. 5 wieder nichtig wird. Die Heilung des Umstellungsbeschlusses, der auf einer nichtigen Eröffnungsbilanz aufgebaut war, durch Zeitablauf und Eintragung heilt andererseits nicht die nichtige Eröffnungsbilanz. Trotz der Heilung des Umstellungsbeschlusses und der demnach wirksamen Umstellung kann es also erforderlich sein, die Eröffnungsbilanz neu zu beschließen und insbesondere die unrichtigen Wertansätze der Eröffnungsbilanz zu berichtigen. Dies kann aber weitere Maßnahmen notwendig machen, wie etwa Kapitalherabsetzung, wenn die nichtige Eröffnungsbilanz zu hohe Wertansätze aufgewiesen hatte.

5. Die Folgen der Nichtigkeit des Umstellungsbeschlusses, mag er selbst Mängel haben oder auf einer mangelhaften Eröffnungsbilanz beruhen, sind schwer übersehbar. Zweifellos ist, daß eine rechtswirksame Umstellung nicht stattgefunden hat, wenn der Umstellungsbeschluß nichtig ist, und daß also die Gesellschaft aufgelöst ist, wenn der Zeitpunkt des § 36 vorübergegangen ist, ohne daß eine gültige Umstellung nachgeholt wurde. Ebenso ist nicht zweifelhaft, daß im Falle einer zwischenzeitlichen Veräußerung von Aktien die Rechtsbeziehungen zwischen dem Aktionär im Zeitpunkt der Umstellung und seinem Rechtsnachfolger sowie die rechtlichen Beziehungen zwischen diesem und einem weiteren Rechtsnachfolger nach bürgerlich-rechtlichen Grundsätzen über Anfechtung, Gewährleistung usw. zu beurteilen sind. (Selbstverständlich ist, daß die Rechtsübertragung selbst von dem nichtigen Umstellungsbeschluß nicht berührt wird; nur wenn etwa zusätzliche Aktien auf Grund des Umstellungsbeschlusses ausgegeben worden sein sollten, sind diese nichtig und ist durch ihre Übertragung ein Nichts übertragen worden.) Beruht die Nichtigkeit des Umstellungsbeschlusses nicht auf einer nichtigen und unrichtigen Eröffnungsbilanz und ist die Gesellschaft noch nicht aufgelöst, so dürfte eine nachträgliche Heilung der gesamten inzwischen eingetretenen Rechtslage zu unterstellen sein, wenn derselbe Beschluß wiederholt wird. Wenn aber ein anderer Umstellungsbeschluß gefaßt wird oder schon die Eröffnungsbilanz nichtig war, ergeben sich Verwicklungen.

Wenn zuerst ein niedrigeres Grundkapital festgesetzt worden war, aber bloß eine Herabsetzung des Nennwertes stattgefunden hatte, ist die Schwierigkeit, den Nennwert wieder zu erhöhen (oder richtiger: den überhaupt noch nicht wirksam herabgesetzten Nennwert anders herabzusetzen), nicht erheblich, wenn sich eine wirksame Umstellung überhaupt noch nachholen läßt; erst recht entsteht keine Schwierigkeit im Falle der Auflösung. Hatte aber eine Zusammenlegung mit Kraftloserklärung von Aktien und Verwertung für Rechnung der Beteiligten usw. stattgefunden, kann eine schwer entwirrbare Lage entstehen, und zwar sowohl dann, wenn sich die Umstellung noch nachholen läßt, als auch wenn die Gesellschaft aufgelöst ist, weil sie nicht rechtzeitig umgestellt wurde. Die Zusammenlegung ist natürlich ihrerseits hinfällig, aber die Lage läßt sich nur dann wiederherstellen, wenn die Adressen der Einreicher der Urkunden alle bekannt sind oder diese sich melden und ihren ehemaligen Aktienbesitz nachweisen können. Hat eine Verwertung von Aktien für Rechnung der Beteiligten stattgefunden, so ist auch diese hinfällig, die Gesellschaft hat den Erwerbern den von diesen gezahlten (vor ihr hinterlegten oder dem Beteiligten, der sich ja nunmehr melden wird, bereits ausgehändigten) Betrag zu erstatten und den Aktionären, für deren Rechnung die Aktien verwertet worden waren, neue Urkunden über die alten, in Wirklichkeit noch nicht zusammengelegten Rechte zu geben (Schillingurkunden).

War das Grundkapital zu hoch festgesetzt, so entstehen keine Schwierigkeiten, wenn lediglich der Nennwert der Aktien heraufgesetzt worden war, mag in einem solchen Fall die Gesellschaft aufgelöst oder es noch möglich sein, die wirksame Umstellung nachzuholen; im letzteren Falle handelt es ja nur darum, den Nennwert neu festzusetzen.

Waren aber die Aktien zusammengelegt worden und erweist es sich als notwendig, sie in einem noch schärferen Verhältnis zusammenzulegen (z. B. sind vier Aktien zu 300 Schilling zusammengelegt worden in drei Aktien je 100 Reichsmark; es erweist sich als notwendig, fünf Aktien zu je 300 Schilling in drei Aktien zu je 100 Reichsmark zusammenzulegen), so sind, wenn die Umstellung noch möglich ist, die Schwierigkeiten wieder groß. Diejenigen Aktionäre, deren Aktien bei der ersten Umstellung verwertet worden sind, weil sie das Umstellungsverhältnis nicht darstellen konnten, haben den empfangenen Betrag zurückzugeben, wogegen ihnen neue Urkunden über die alten, in Wirklichkeit noch nicht zusammengelegten Rechte (Schillingurkunden) auszuhändigen sind. Ihre Adressen werden bekannt und es wird möglich sein, sie zur Rückzahlung des Erhaltenen anzuhalten, das an jene Aktionäre herauszuzahlen ist, welche die verwerteten zusammengelegten Aktien erworben haben. Man kann auch so verfahren, daß die ursprünglichen Aktionäre, deren Aktien verwertet wurden, nur das zuviel Empfangene zurückgeben und daß die Besitzer der umlaufenden Aktien sich eine neue Zusammenlegung gefallen lassen (im obigen Beispiel im Verhältnis von 5 zu 4).

Ist die Gesellschaft aufgelöst, so haben die ehemaligen Aktionäre, deren Aktien verwertet worden sind, das Empfangene zurückzugeben und nehmen an der Liquidation teil.

Sind zusätzliche Aktien ausgegeben worden, so sind diese nichtig. Sie sind bei einer Auflösung nicht zu berücksichtigen. Läßt sich ein wirksamer Umstellungsbeschluß noch rechtzeitig nachholen, so bleibt es bei der Nichtigkeit dieser zusätzlich ausgegebenen Aktien in allen Fällen vorbehaltlich möglicher Haftung der Verwaltungsträger und bürgerlich-rechtlicher Haftung des Rechtsurhebers des Inhabers der Aktien.

Es muß darauf verzichtet werden, die Rechtslage, welche eintritt, und die Maßnahmen darzustellen, welche erforderlich werden, wenn ein anfechtbarer Beschluß nicht für nichtig erklärt, sondern vom Gericht geändert wird; die denkbaren Möglichkeiten sind zu mannigfaltig.

§ 20.

(1) Der Vorstand, Mitglieder des Vorstands oder des Aufsichtsrats[1]) können die Anfechtung auch[2]) darauf stützen, daß die Beschlüsse eine offenbar unbillige vermeidbare Härte[3]) für die Aktionäre oder die Inhaber einzelner Aktiengattungen[3]) enthielten. Sie können sie ferner darauf stützen, daß die Umstellung beschlossen wurde, ehe der Beschluß über die Anpassung der Satzung an das neue Aktienrecht in das Handelsregister eingetragen war, und daß deshalb nach den Verhältnissen des einzelnen Falles die Ordnungsmäßigkeit der Umstellung nicht gewährleistet sei.[4])

(2) Aktionäre sind zur Anfechtung aus den im Abs. 1 genannten Gründen befugt, wenn ihre Anteile zusammen den zwanzigsten Teil des Grundkapitals erreichen.[5])

1. Die Vorschrift erweitert die **Anfechtungsbefugnis der Verwaltungsträger.** Sie steht auch den neuen Verwaltungsträgern zu, da ihr Amt beginnt, sobald sie nach § 8 der 2. EinfVO. bestellt sind, und ihre Eintragung nicht voraussetzt. Andrerseits endet mit ihrer Eintragung das Amt der alten, so daß diese von da ab nicht mehr zur Anfechtung befugt sein können.

2. Abgesehen von den gewöhnlichen Anfechtungsgründen (§ 197 AktG.) können die Verwaltungsträger ihre Anfechtung auch darauf stützen, daß die Beschlüsse eine offenbar unbillige und vermeidbare Härte für die Aktionäre oder die Inhaber einzelner Aktiengattungen enthielten. Während die Verwaltungsträger nach dem AktG. eine Anfechtungsbefugnis nur im Interesse der Gesellschaft selbst haben, haben sie hier eine solche auch im Interesse der Aktionäre.

3. Eine offenbar unbillige, vermeidbare Härte für die Aktionäre kann darin liegen, daß der Nennbetrag der Aktien stärker herabgesetzt wird oder daß sie schärfer zusammengelegt werden, als erforderlich ist. Die Ermäßigung des Nennbetrages der Aktien und die Zusammenlegung beruhen auf einer Ermäßigung des Nennbetrages des Grundkapitals, die ihrerseits entweder auf einer zu geringen Bewertung der Vermögensgegenstände oder auf dem bei der Umstellung gewählten Verhältnis zwischen Grundkapital und Rücklagen beruhen kann. Eine den Vorschriften über die Wertansätze nicht entsprechende Eröffnungsbilanz und Umstellung ist schon wegen dieser Verletzung gesetzlicher Vorschriften anfechtbar; dies ist wichtig, weil für

diese Anfechtung die Einschränkung des Anfechtungsrechts der Aktionäre nach Abs. 2 nicht gilt. Dagegen würde nach § 5 Abs. 3 die Gesellschaft das Verhältnis zwischen Grundkapital und Rücklage völlig frei bestimmen können. Hier zieht aber § 20 eine Schranke insofern, als offenbar unbillige Härten vermieden werden müssen, wenn sie vermeidbar sind, widrigenfalls die Umstellung anfechtbar ist.

Ein Anfechtungsgrund für die Verwaltungsträger ist es auch, wenn die Beschlüsse eine offenbar unbillige, vermeidbare Härte nur für die Inhaber einzelner Aktiengattungen bedeuten. Nach § 6 würde eine Verschiebung der Rechte der einzelnen Gattungen untereinander schon an und für sich einen Anfechtungsgrund bilden. Es kann hier also nur gemeint sein, daß sich die eine Gattung unter Umständen zugunsten der anderen eine Schmälerung gefallen lassen muß, wenn eine Regelung nach § 6 für die andere Gattung eine unbillige Härte wäre; das wäre z. B. der Fall, wenn mit Rücksicht auf das Vorzugsrecht von Vorzugsaktien diese bei der etwa notwendigen Ermäßigung der Kapitalziffer gar nicht ermäßigt würden, die Stammaktien aber so gut wie ganz ausfallen würden, oder umgekehrt, wenn, um letzteres zu vermeiden, gar keine Rücksicht darauf genommen würde, daß die Vorzugsaktien kraft ihres Vorrechtes im Falle einer — etwa nach § 36 eintretenden — Auflösung und Abwicklung vorweg voll zu befriedigen sind.

Die Anfechtung wegen unbilliger, vermeidbarer Härte ist eingeschränkt dadurch, daß sie nur dann zugelassen ist, wenn die unbillige Härte „offenbar" ist. „Offenbar" ist, was ohne Beweiserhebung und ohne Ermittlung eines Tatbestandes erkennbar ist; dagegen liegt es nicht im Begriff, daß es auf den ersten Blick ohne eingehende Überlegung oder Sachkunde erkennbar sein müsse.

4. Das Gesetz gestattet die Anfechtung durch die Verwaltungsträger auch dann, wenn die Ordnungsmäßigkeit der Umstellung nach den Verhältnissen des einzelnen Falles nicht gewährleistet ist, und zwar deshalb nicht, weil die Umstellung beschlossen worden ist, bevor der Beschluß über die Anpassung der Satzung an das neue Aktienrecht in das Handelsregister eingetragen war. Die Voraussetzungen dieses Anfechtungsgrundes sind nicht leicht zu ermitteln: a) Zunächst genügt es einerseits schon, daß die Ordnungsmäßigkeit der Umstellung nicht gewährleistet ist, also Zweifel an der Ordnungsmäßigkeit begründet sind. Ordnungsmäßig ist die Umstellung dann, wenn sie sachlich und förmlich mit den Vorschriften der §§ 2, 3, 5 ff. im Einklang steht. b) Diese Zweifel müssen nach den Verhältnissen des einzelnen Falles begründet sein. Auch damit scheint das Anwendungsgebiet dieses Anfechtungsgrundes weit ausgedehnt, aber es zeigt sich im folgenden (c), daß unter den „Verhältnissen des einzelnen Falles" persönliche Verhältnisse gemeint sind; c) denn diese Zweifel müssen andererseits gerade deshalb bestehen, weil die Umstellung beschlossen worden ist, bevor der Beschluß über die Anpassung der Satzung an das neue Aktienrecht in das Handelsregister eingetragen war. Daß nun gerade diese zeitliche Reihenfolge Zweifel an der Ordnungsmäßigkeit der Umstellung erregen kann, hängt damit zusammen, daß erst mit der An-

passung der Satzung an das neue Aktienrecht nach § 8 der 2. EinfVO. die Bestellung der neuen Organe verbunden ist; denn sie können sich in der Tat aufdrängen, wenn die Umstellung von den bisherigen Verwaltungsträgern bearbeitet worden ist, die ja in diesem Fall auch den Umstellungsbericht nach § 12 zu erstatten haben, und diese nunmehr von anderen Verwaltungsträgern abgelöst werden. Überdies geht anscheinend die Meinung des Gesetzgebers auch dahin, daß die bisherigen für die Verwaltungsträger maßgebenden aktienrechtlichen Bestimmungen nicht in gleicher Weise ein Höchstmaß von Sorgfalt der Verwaltungsträger gewährleisten wie die neuen; nach letzteren richtet sich auch die Verantwortung der Verwaltungsträger für die Unterlassung der Anfechtung (vgl. Anm. zu § 15), während sich jene für die Vorbereitung der Umstellung nach den bisherigen Vorschriften richtet, wenn die Umstellung vor der Eintragung der Satzungsanpassung von den früheren Verwaltungsträgern vorbereitet worden ist.

Daß die Zweifel an der Ordnungsmäßigkeit hier auf die Eintragung des Beschlusses über die Satzungsanpassung statt auf ihn selbst oder die Bestellung des neuen Vorstands abgestellt werden (über den Zusammenhang siehe § 8 der 2. EinfVO.), könnte an der Meinung irremachen, daß hier wie auch sonst das Amt des (neuen) Vorstands auch ohne seine Eintragung durch seine Bestellung beginnt. Aber wäre dem nicht so, so wäre die Anfechtungsbefugnis des Vorstands aus dem hier bestimmten Grunde gegenstandslos; denn dann würde der neue Vorstand sich nicht selbst zur Eintragung anmelden können und läge die Anfechtung ausschließlich in den Händen des alten Vorstands, dieser müßte also anfechten, weil die Ordnungsmäßigkeit der Umstellung deshalb nicht gewährleistet sei, weil er selbst sie bearbeitet habe!

5. *Aktionäre können* die Eröffnungsbilanz und Umstellung aus einem der Gründe der vorliegenden Vorschrift, d. h. *wegen unbilliger vermeidbarer Härte oder wegen mangelnder Gewährleistung der Ordnungsmäßigkeit* der Umstellung, *nur anfechten, wenn sie zusammen den zwanzigsten Teil des Grundkapitals besitzen.* Mit beiden Anfechtungsgründen kann aber auch eine Verletzung gesetzlicher Vorschriften zusammentreffen; dann fällt diese Voraussetzung weg und kann jeder einzelne Aktionär die Beschülsse ohne Rücksicht auf die Größe seines Aktienbesitzes anfechten. Die Aktionäre, welche anfechten wollen, müssen Widerspruch zur Niederschrift erklärt haben und die Monatsfrist innehalten (vgl. Anm. 8 zu § 198), auch dann, wenn sie die Anfechtung auf Abs. 1 stützen; sie müssen ferner bis zur Entscheidung über die Anfechtung ihren Aktienbesitz bewahren (vgl. Anm. 8 zu § 198 AktG.)

§ 21.

Zur Anfechtung ist auch die Handelskammer berechtigt. Ihr Anfechtungsrecht erlischt mit Ablauf eines Monats seit Einreichung der Beschlüsse zum Handelsregister. Sie kann die Anfechtung nur darauf stützen, daß die Beschlüsse offenbar gegen zwingende gesetzliche Vorschriften, gegen das Gemeinwohl oder die guten Sitten verstießen oder die Belange der Gläubiger der Gesellschaft unbillig gefährdeten.

Die Vorschrift führt eine **Anfechtungsbefugnis der Handelskammer** ein. Ihr Anfechtungsrecht ist zeitlich und sachlich sehr eingeschränkt. Es erlischt einen Monat nachdem die Beschlüsse der Umstellungshauptversammlung zum Handelsregister eingereicht sind (vgl. § 16 Abs. 1). Die Handelskammer kann die Anfechtung nur auf folgende Gründe stützen: a) auf Verletzung zwingender gesetzlicher Vorschriften, b) des gemeinen Wohls, c) der guten Sitten, also auch auf Vergewaltigung einer Minderheit, d) auf unbillige Gefährdung der Belange der Gläubiger, z. B. unzulässige stille Reserven oder übermäßige freie Rücklagen. Es muß aber offenbar sein, daß ein solcher Anfechtungsgrund vorliegt. Da der Handelskammer anders als nach § 26 AktG. der Prüfungsbericht nicht zugeht (Anm. 8 zu § 11), ist sie auf den Beschluß über die Eröffnungsbilanz und die Umstellung allein angewiesen. Daraus einen „offenbaren“ Anfechtungsgrund zu entnehmen, wird zumeist schwer sein; doch dürfte es der Handelskammer nicht verwehrt sein, die Akten des Registergerichts, insbesondere den Prüfungsbericht, anzufordern. Rechtsverletzungen, welche nur die einzelnen Aktionäre betreffen, z. B. das Verhältnis mehrerer Aktiengattungen zueinander, können von der Handelskammer durch Anfechtung nicht verfolgt werden.

§ 22.

(1) Die Anfechtung geschieht statt durch Klage (§ 197 Abs. 1 des Aktiengesetzes) durch Anrufung des zur Ausübung der Handelsgerichtsbarkeit zuständigen Gerichtshofs des Sitzes der Gesellschaft.[1])

(2) Über die Anfechtung wird im außerstreitigen Verfahren entschieden.[1])

(3) Die Anrufung des Obersten Gerichtshofs ist nur zulässig, wenn sie der Gerichtshof zweiter Instanz in seiner Entscheidung zugelassen hat.[1])

(4) Erachtet das Gericht die Anfechtung für begründet, so kann es die Beschlüsse für nichtig erklären oder sie ändern.[2–6])

(5) Das Gericht entscheidet nach billigem Ermessen, wer die Kosten des Verfahrens zu tragen hat und inwieweit dem Gegner Kosten zu ersetzen sind.

(6) Das Registergericht bestimmt, ob und in welchem Umfang die Entscheidung in den Gesellschaftsblättern zu veröffentlichen ist.[7])

1. Das **Verfahren der Anfechtung** ergibt sich im allgemeinen aus §§ 199, 200 AktG. Doch wird diese Vorschrift durch § 22 wesentlich durchbrochen. Wieder einmal hat der Gesetzgeber dem Hang der Zeit zum nichtstreitigen Verfahren nachgegeben. Die Anfechtung geschieht nicht durch Anfechtungsklage, sondern durch „Anrufung" des Landgerichts. An dieses ist also ein Antrag zu richten, die Beschlüsse der Hauptversammlung für nichtig zu erklären oder sie in einer bestimmt zu bezeichnenden Weise zu ändern. Über diesen Antrag wird im außerstreitigen Verfahren entschieden, d. h. es gilt die sogenannte Offizialmaxime, Mündlichkeit ist nicht vorgeschrieben, aber es steht nichts im Wege, daß wegen der unbestreitbaren Vorzüge des mündlichen Verfahrens eine mündliche Verhandlung angeordnet wird. Gegen die Entscheidung findet der Rekurs statt. Gegen die Entscheidung des Gerichtshofs zweiter Instanz kann ein weiteres Rechtsmittel nur ergriffen werden, wenn dieser selbst es in seiner Entscheidung zugelassen hat.

2. Der **Entscheidung des Anfechtungsgerichts** ist ein weiterer Spielraum gegeben. Während nach AktG. die Anfechtungsklage, wenn ihr stattgegeben wird, immer zur Folge hat, daß der angefochtene Beschluß vernichtet werden muß, ohne daß das Gericht einen anderen an seine Stelle setzten könnte, kann es hier den angefochtenen Beschluß auch abändern, d. h. durch eine abweichende gerichtliche Entscheidung ergänzen.

3. Die Wirkung der Entscheidung tritt mit ihrer Rechtskraft ein und setzt nicht voraus, daß sie in das Handelsregister eingetragen wird. Gleichwohl ist sie ins Handelsregister einzutragen (§ 200 Abs. 2 AktG.), wenn sie den angefochtenen Beschluß abändert. Wenn sie diesen vernichtet, so wäre die Eintragung der Entscheidung gegenstandslos, weil ja der Beschluß selbst noch gar nicht eingetragen sein kann (§ 16 Abs. 2). Doch ist in jedem Fall die Entscheidung dem Registergericht zuzuleiten, und zwar ist anzunehmen, daß auch dies nicht den Parteien überlassen bleibt, vielmehr von Amts wegen durch das Anfechtungsgericht geschieht.

4. Die Wirkung ist rechtsgestaltend. Wird der Beschluß für nichtig erklärt, so gilt er als nicht gefaßt; es ist möglich, daß dies zur Folge hat, daß die Frist des § 36 versäumt und die Gesellschaft aufgelöst ist. Wird der Beschluß abgeändert, so tritt er von der Rechtskraft der Entscheidung ab mit dem abgeänderten Inhalt ins Leben. Verwicklungen können hier nicht eintreten, weil der Umstellungsbeschluß, dessen Wirksamkeit die Eintragung voraussetzt, nach § 16 Abs. 2 nicht eingetragen sein kann. Soweit der Beschluß rechtskräftig für nichtig erklärt ist, wirkt dies gemäß § 200 AktG. für und gegen alle Aktionäre und Mitglieder des Vorstandes und Aufsichtsrats, auch wenn sie nicht Partei sind. Daß der Beschluß mit seinem abgeänderten Inhalt gleichfalls für und gegen alle Aktionäre, Vorstands- und Aufsichtsratsmitglieder wirkt, sagt das Gesetz nicht. Es kann aber ein Zweifel daran nicht bestehen.

5. Der Registerrichter hat bei der Eintragung, die nur vermerkende Bedeutung hat, zwar die Rechtskraft und den formellrechtlichen Bestand, aber selbstverständlich nicht die sachliche Richtigkeit der Entscheidung des Anfechtungsgerichts nachzuprüfen.

6. Erheblich ist auch die Frage, ob die Gesellschaft, deren Umstellungsbeschluß angefochten ist, noch vor der Entscheidung über die Anfechtung einen neuen Beschluß fassen und ob dieser, wenn er unangefochten bleibt, eingetragen werden kann, obwohl das Anfechtungsverfahren bezüglich des ersteren Beschlusses noch schwebt. Diese Frage ist zu bejahen; denn es ist nicht einzusehen, warum eine Einigung der streitenden Aktionärgruppen nach der Anfechtung nicht möglich bleiben und diese darauf angewiesen sein sollten, ihren Meinungsstreit durch eine den gefaßten Beschluß abändernde gerichtliche Entscheidung schlichten zu lassen, zumal es unter Umständen erforderlich sein kann, daß ein neuer Beschluß rechtzeitig gefaßt und vor dem 31. Dezember 1941 eingetragen wird, um die Auflösung der Gesellschaft nach § 36 abzuwenden. Denn vor dieser kann nur eine vor dem 31. Dezember 1941 ergehende Entscheidung bewahren, entweder wenn sie die Anfechtung abweist oder den Beschluß abändert und noch vor dem 31. Dezember 1941 rechtskräftig wird oder ihn so rechtzeitig vernichtet, daß ein neuer noch vor dem 31. Dezember 1941 gefaßt und eingetragen werden kann. Ein Vergleich im Anfechtungsverfahren selbst zwischen der Gesellschaft und dem anfechtenden Aktionär ist nicht möglich, anders als bei der Anfechtungsklage nach AktG. (siehe Godin JW. 1938 S. 1149 oben), infolge der Offizialmaxime auch nicht, daß die Gesellschaft Versäumnis- oder Anerkenntnisurteil gegen sich ergehen läßt. Wird ein neuer Beschluß gefaßt und nach Ablauf der Anfechtungsfrist eingetragen, so ist das Anfechtungsverfahren wegen des ersteren Beschlusses gegenstandslos geworden.

7. Während immer zu veröffentlichen ist, daß der Beschluß angefochten wurde (§ 199 Abs. 2 AktG.), hat bezüglich der daraufhin ergangenen Entscheidung das Registergericht zu bestimmen, ob und in welchem Umfange sie in den Geschäftsblättern zu veröffentlichen ist; wird sie ins Handelsregister eingetragen, so ist nach §§ 32, 33 AktG. die Eintragung vom Registergericht bekanntzumachen. Eine weitere Veröffentlichung wäre dann müßig.

§ 23.

§ 201 des Aktiengesetzes über die Geltendmachung der Nichtigkeit der Hauptversammlungsbeschlüsse bleibt unberührt. Wird jedoch die Nichtigkeit innerhalb der Anfechtungsfrist geltend gemacht oder während ein Anfechtungsverfahren nach § 22 in erster Instanz anhängig ist, so gilt § 22 auch für die Geltendmachung der Nichtigkeit sinngemäß.

Die Nichtigkeit eines Beschlusses der Hauptversammlung, die über die Eröffnungsbilanz, die Einziehung von Aktien und die Umstellung beschließt, richtet sich nach § 195 AktG., das **Verfahren über die Nichtigkeit** nach § 201 AktG. Sie kann von jedermann geltend gemacht werden, mit Wirkung für und gegen jedermann aber nur, wenn sie von einem Aktionär, dem Vorstand oder Aufsichtsrat oder einem Vorstands- oder Aufsichtsratsmitglied durch Klage geltend gemacht wird (§ 201 AktG.). *§ 23 beläßt es hierbei und nimmt nur den Fall aus, daß die Nichtigkeit von einem Aktionär, dem Vorstand oder Aufsichtsrat oder einem Vorstands- oder Aufsichtsratsmitglied innerhalb der Anfechtungsfrist oder während des Schwebens eines Anfechtungsverfahrens in erster Instanz geltend gemacht wird.* In diesem Falle muß die Nichtigkeit nämlich in dem Verfahren nach § 22 geltend gemacht werden, wenn sie Wirkung für und gegen alle haben soll. Nach Ablauf der Monatsfrist oder nach Beendigung der ersten Instanz dieses Anfechtungsverfahrens dagegen ist die Nichtigkeit durch Klage geltend zu machen.

Wird die Nichtigkeit innerhalb der Anfechtungsfrist geltend gemacht oder während der Anhängigkeit eines Anfechtungsverfahrens in erster Instanz, so kann, da ein Vorbehalt für diesen Fall nicht gemacht ist, *auch der nichtige Beschluß im Verfahren nach § 22 gemäß Abs. 4 abgeändert werden*, und zwar auch dann, wenn die Nichtigkeit nicht in dem Inhalt des Beschlusses, sondern in der Art seines Zustandekommens begründet ist.

Unter Umständen können sich *Verwicklungen* ergeben; denn da die Nichtigkeitsklage nur an die dreijährige Frist des § 196 gebunden ist, könnte sie selbst dann noch erhoben werden, wenn der Umstellungsbeschluß in einem Verfahren nach §§ 22, 23 rechtskräftig abgeändert worden ist.

Es muß indessen angenommen werden, daß eine den Beschluß abändernde gerichtliche Entscheidung in jedem Falle auch den Nichtigkeitsgrund beseitigt, der dem abgeänderten Beschluß etwa neben dem Grunde anhaftete, auf welchen die Anfechtung gestützt worden war, mag auch dieser Nichtigkeitsgrund in dem Verfahren nach §§ 22, 23 nicht zutage getreten und bei der Entscheidung nicht beachtet worden sein; dies ergibt sich schon aus der Offizialmaxime.

Wenn der Beschluß erst nach §§ 22, 23, sodann nach Beendigung der ersten Instanz jenes Verfahrens durch Nichtigkeitsklage eines anderen Aktionärs aus demselben oder einem anderen Grunde angegriffen wird, wird also letztere gegenstandslos, wenn die Aktionäre im Verfahren nach §§ 22, 23 obsiegen, sei es daß der Beschluß vernichtet, sei es daß er abgeändert wird. Umgekehrt aber kann sie zur Feststellung der Nichtigkeit mit Wirkung für und gegen alle führen, auch wenn die Aktionäre im Verfahren nach § 22 (und § 23) unterlegen sind.

§ 24.

Die §§ 20 bis 23 gelten für die Gesellschaft mit beschränkter Haftung sinngemäß.

Abschnitt III.

Besondere Vorschriften für Vereine und Versicherungsunternehmungen.

§ 25.

Die Vorschriften der Abschnitte I und II gelten für Vereine nach dem Vereinsgesetz vom 26. November 1852 (RGBl. Nr. 253) sinngemäß.

1. Es handelt sich hierbei um die Versicherungsanstalten auf Gegenseitigkeit, die Los-Vereine und die wirtschaftlichen Vereine, außerdem um die sogenannten Aktienvereine, „bei denen das erforderliche Kapital durch Aktien, das ist durch bestimmte mittels der Erwerbungsarten des bürgerlichen Rechts übertragbare Teilbeträge an dem gesellschaftlichen Unternehmungsfonds, auf welche sich die Haftung der Teilnehmer beschränkt, aufgebracht werden soll" (§ 1 b des Vereinsgesetzes).

Diese Aktienvereine pflegen nichtkaufmännische Zwecke zu verfolgen, für welche nach österreichischem Recht Aktiengesellschaften nicht gegründet werden konnten.

2. Für diese Rechtsgebilde, insbesondere also auch für die Aktienvereine, gilt künftig insbesondere, daß auch sie sich in echte Aktiengesellschaften umzuwandeln haben, indem sie ihre Satzung den Vorschriften des AktG. anpassen und sich zur Eintragung in das Handelsregister anmelden (§ 20 der 2. EinfVO.). Für sie entfällt die Möglichkeit, Umstellung und Anpassung getrennt voneinander vorzunehmen; denn es ist nicht denkbar, daß sie ohne die Umstellung ihre bisherigen Aktien in echte Aktien im Sinne des AktG. umwandeln können. Vgl. den Wortlaut des § 20 der 2. EinfVO. Über die Frist vgl. S. 2 ebenda, aber auch unvereinbar damit § 36 Abs. 1 dieser VO. Auch diese Rechtsgebilde haben eine Eröffnungsbilanz zu machen und auf Grund des dabei ermittelten Reinvermögens die Umstellung zu beschließen, d. h. ein Grundkapital in Reichsmark festzusetzen und an Stelle der bisherigen „Aktien" solche im Sinne des AktG. auszugeben. Dabei sind die Vorschriften über das Mindestgrundkapital und den Mindestnennbetrag einer Aktie zu beachten. Die Eröffnungsbilanz ist in Reichsmark aufzustellen. Sie ist von dem Abschlußprüfer und dem Aufsichtsrat zu prüfen, der Vorstand hat einen Umstellungsbericht zu erstatten, auf den sich die Prüfung des Abschlußprüfers zu erstrecken hat. Aber auch im übrigen sind die Vorschriften der Abschnitte 1 und 2 sinngemäß anzuwenden, also insbesondere auch § 13 über die Hauptversammlung und § 18 über das Umtausch- und Zusammenlegungsverfahren. Der Um-

stellungsbeschluß und der Beschluß über Anpassung der Satzung sind in das Handelsregister einzutragen. Es ist auffallend, daß für diese Rechtsgebilde, die nunmehr in Aktiengesellschaften im Sinne des AktG. umgewandelt werden, anders als für den Fall der Umwandlung einer Gesellschaft mit beschränkter Haftung in eine Aktiengesellschaft, die nachträgliche Erfüllung der Vorschriften des AktG. über die Gründung einer Aktiengesellschaft nicht vorgeschrieben ist.

3. Das Umstellungskapital ist bei den Versicherungsanstalten auf Gegenseitigkeit der Gründungsfonds. Für diese gilt auch § 26, wonach ergänzende und abweichende Vorschriften erlassen werden können. Es ist anzunehmen, daß solche zu erwarten sind.

§ 26.

Soweit es durch die Besonderheiten des Versicherungswesens bedingt ist, kann der Reichsminister der Justiz im Einvernehmen mit dem Reichswirtschaftsminister oder die von ihnen bestimmte Stelle für die Aufstellung der Eröffnungsbilanz und für die Umstellung von Versicherungsunternehmen (Aktiengesellschaften, die den Betrieb von Versicherungsgeschäften zum Gegenstand haben, und Versicherungsanstalten auf Gegenseitigkeit) ergänzende und abweichende Vorschriften erlassen.

1. Für Aktiengesellschaften, die den Betrieb von Versicherungsgeschäften zum Gegenstand haben, gelten neben den Vorschriften des AHGB. und des AktReg. auch das Versicherungsregulativ und in bestimmtem Umfange das Vereinsgesetz, soweit nämlich das Versicherungsregulativ sich auf diese bezieht. Diese Vorschriften bleiben neben den Bestimmungen des Aktiengesetzes in Kraft, die berufen sind, die aktienrechtlichen Bestimmungen des AHGB. und des AktReg. zu ersetzen.

2. Nach der vorliegenden Vorschrift können für derartige Aktiengesellschaften im gesamten Umfange der gegenwärtigen Verordnung ergänzende und abweichende Bestimmungen von dem Reichsminister der Justiz im Einvernehmen mit dem Wirtschaftsminister oder von der von diesen beiden Ministern bestimmten Stelle erlassen werden. Dies trifft nur auf § 1 nicht zu, der allgemein den Übergang zur Bilanzierung und Inventarisierung in Reichsmark vorschreibt. Als Stelle, welche vom Reichsminister der Justiz und dem Reichswirtschaftsminister bestimmt werden könnte, diese Sondervorschrift zu erlassen, kommt insbesondere das Reichsaufsichtsamt für Privatversicherungen in Frage.

Abschnitt IV.

Änderung des österreichischen Gesetzes über Gesellschaften mit beschränkter Haftung.

§ 27.

Die folgenden Bestimmungen des österreichischen Gesetzes über Gesellschaften mit beschränkter Haftung werden geändert und haben zu lauten:

1. § 6 Abs. 1:

„Stammkapital und Stammeinlagen müssen auf einen in Reichswährung bestimmten Nennbetrag lauten. Das Stammkapital muß die Höhe von mindestens zwanzigtausend Reichsmark erreichen und besteht aus den Stammeinlagen der einzelnen Gesellschafter, deren jede mindestens fünfhundert Reichsmark betragen muß."

2. § 10 Abs. 1 Satz 1:

„Auf jede in barem Gelde zu leistende Stammeinlage muß mindestens ein Viertel, jedenfalls aber ein Betrag von zweihundertundfünfzig Reichsmark eingezahlt sein."

3. § 10 Abs. 2:

„Als Barzahlung gilt nur die Zahlung in gesetzlichem Gelde oder in Rentenbankscheinen."

4. § 13 Nr. 1 und 2:

„1. Die Stammeinlage jedes Gesellschafters muß bei Lokal-, Klein- und Straßenbahnen mindestens zweihundert Reichsmark betragen.

2. Auf die in barem Gelde zu leistenden Stammeinlagen muß bei solchen Bahnen mindestens ein Viertel, jedenfalls aber ein Betrag von einhundert Reichsmark eingezahlt sein."

5. § 14:

„Die Bestimmungen des § 13 Nr. 1 und 2 gelten auch für Seeschiffahrts- und Luftverkehrsgesellschaften, deren Stammkapital zweihunderttausend Reichsmark nicht übersteigt."

6. § 29 Abs. 1:

„Wenn sich das Stammkapital auf mehr als fünfzigtausend Reichsmark beläuft und die Zahl der Gesellschafter fünfzig übersteigt, muß ein Aufsichtsrat bestellt werden."

7. § 39 Abs. 2 Satz 1:

„Je einhundert Reichsmark einer übernommenen Stammeinlage gewähren eine Stimme, wobei Bruchteile unter einhundert Reichsmark nicht gezählt werden."

8. § 54 Abs. 3:

„Eine Herabsetzung des Stammkapitals unter den Betrag von zwanzigtausend Reichsmark ist unzulässig. Erfolgt die Herabsetzung durch Zurückzahlung von Stammeinlagen oder durch Befreiung von der Volleinzahlung, so darf der verbleibende Betrag jeder Stammeinlage nicht unter fünfhundert Reichsmark herabgehen, soweit nicht für Eisenbahn-, Seeschiffahrts- und Luftverkehrsgesellschaften eine Abweichung durch die §§ 13 und 14 gestattet ist."

§ 28.

Auf Gesellschaften, die vor dem Tage der Verkündung dieser Verordnung in das Handelsregister eingetragen worden sind, sind von den im § 27 genannten Vorschriften in der neuen Fassung nur anzuwenden: § 29 Abs. 1 über die Bestellung eines Aufsichtsrats und § 54 Abs. 3 über den Mindestbetrag des Stammkapitals und der Stammeinlagen bei der Kapitalherabsetzung; § 9 dieser Verordnung über den Mindestbetrag bei der Umstellung bleibt unberührt.

Abschnitt V.

Geschäftsanteile und Haftung bei den Erwerbs- und Wirtschaftsgenossenschaften.

§ 29.

(1) Erwerbs- und Wirtschaftsgenossenschaften haben spätestens bis 31. Dezember 1939 die Geschäftsanteile, Genossenschaften mit beschränkter Haftung auch die im Genossenschaftsvertrag festgesetzten Haftungsbeträge in Reichsmark umzurechnen.

(2) Die Geschäftsanteile müssen mindestens eine Reichsmark, bei Verbrauchergenossenschaften (Konsumgenossenschaften)

mindestens sieben Reichsmark betragen und auf volle Reichsmark lauten.

(3) Geschäftsanteile, die nach der Umrechnung auf kleinere als die im Abs. 2 genannten Beträge oder nicht auf volle Reichsmark lauten, sind mindestens auf diese Beträge zu erhöhen und auf volle Reichsmark aufzurunden.

§ 30.

Die Einzahlungen der Genossenschafter, die zur Erreichung des gesetzlichen Mindestbetrags oder zur Aufrundung der Geschäftsanteile auf den nächsthöheren auf volle Reichsmark lautenden Betrag nötig sind, können durch Zuweisungen aus dem Reservefonds gedeckt werden. Für das Gebiet des Abgabenrechts gelten solche Zuweisungen weder als Verzinsung der Geschäftsanteile noch als Verteilung von Überschüssen; auch verliert dadurch eine Genossenschaft nicht die abgabenrechtlichen Begünstigungen, die davon abhängen, daß den Mitgliedern an dem Reservefonds kein Anteil zusteht.

§ 31.

(1) Für den Beschluß der Generalversammlung, durch den der Geschäftsanteil und die Haftung nach § 29 geändert oder Zuweisungen aus dem Reservefonds nach § 30 vorgenommen werden, genügt die einfache Mehrheit der abgegebenen Stimmen, auch wenn der Genossenschaftsvertrag etwas anderes bestimmt. § 33 Abs. 3 des Genossenschaftsgesetzes über die Unwirksamkeit des Beschlusses gegenüber dem kündigenden Genossenschafter findet keine Anwendung.

(2) Abs. 1 gilt nicht für Erhöhungen, die das zur Erreichung der gesetzlichen Mindestbeträge oder zur Aufrundung auf den nächsthöheren auf volle Reichsmark lautenden Betrag notwendige Ausmaß übersteigen.

§ 32.

Nach der Verkündung dieser Verordnung dürfen Erwerbs- und Wirtschaftsgenossenschaften in das Genossenschaftsregister nur eingetragen werden, wenn der Geschäftsanteil auf Reichsmark lautet und mindestens eine Reichsmark, bei Verbrauchergenossenschaften mindestens sieben Reichsmark beträgt. Der Geschäftsanteil muß auf volle Reichsmark lauten.

Abschnitt VI.

Steuern. Gebühren.

§ 33.

(1) Die infolge der Aufstellung der Eröffnungsbilanz und infolge der Umstellung sich ergebenden lediglich zahlenmäßigen Veränderungen im Vermögen der im § 1 bezeichneten natürlichen und juristischen Personen und deren Gesellschafter[7]) begründen für die Steuern vom Einkommen,[1]) Ertrag[1]) und Vermögen[4])[7]) keine Steuerpflicht. Dies gilt namentlich für Vermögensteile,[5]) die

1. einer Rücklage zugewiesen werden[2]) oder
2. durch Auflösung bisher bestehender stiller Rücklagen (z. B. bei Unterbewertungen) in Erscheinung treten,[3])

wenn diese Vermögensteile schon vor dem Zeitpunkt der Umstellung Betriebsvermögen gewesen sind. Die Besteuerung des Gewinns, der sich aus der Betriebsgebarung bis zu dem Zeitpunkt ergibt, für den die Eröffnungsbilanz aufgestellt wird, wird hierdurch nicht berührt.[6])

(2) Die für die einzelnen Wirtschaftsgüter in die Eröffnungsbilanz eingestellten Werte sind für die Steuern vom Einkommen, Ertrag und Vermögen als Ausgangswerte maßgebend, soweit steuerliche Vorschriften nicht entgegenstehen.[9])[10]) Wirtschaftsgüter, die nach dem 17. März 1938 (Einführung der Reichsmarkwährung im Lande Österreich) angeschafft oder hergestellt worden sind, dürfen höchstens zu den Anschaffungs- oder Herstellungskosten, vermindert um die zwischenzeitlichen Absetzungen für Abnutzung, angesetzt werden.[10])[11]) Bei diesen und bei den früher angeschafften oder hergestellten Wirtschaftsgütern dürfen Absetzungen für Abnutzung und Abschreibungen auf den niedrigeren Teilwert nicht wieder durch Höherbewertung ausgeglichen werden, wenn sie den Gewinn oder Ertrag von Geschäftsjahren gemindert haben, die nach dem 17. März 1938 abgelaufen sind oder ablaufen.[10])[12])

(3) Die infolge der Umstellung sich ergebenden lediglich zahlenmäßigen Veränderungen im Vermögen der im § 5 bezeichneten Gesellschaften und deren Gesellschafter und im Vermögen der Genossenschaften und deren Genossenschafter unter-

liegen nicht der Urkundensteuer und nicht den Steuern vom Kapitalverkehr oder den entsprechenden österreichischen Abgaben.[8])

Der Gesetzgeber selbst schaudert vor der Steuerhyäne. („Denn dieses Tier, das dich mit Graun durchdrungen, Läßt keinen ziehn auf seines Weges Spur, Hemmt jeden, bis es endlich ihn verschlungen." Dante, Hölle I 94—96, übersetzt von Streckfuß.) Er unternimmt es, noch durch ausdrückliche Vorschrift **steuerliche Ansprüche aus Anlaß der Eröffnungsbilanz und der Umstellung** abzuschneiden, obwohl sie ohnedies schon nach geltendem Steuerrecht nicht begründet wären. Es macht dabei keinen Unterschied, ob es sich um Steueransprüche auf Grund bisherigen österreichischen Rechts oder der künftig in der Ostmark in Kraft tretenden Vorschriften des Altreichs handelt.

1. Die Eröffnungsbilanz beruht auf einer Neubewertung, nicht auf einer Veränderung des Gesellschaftsvermögens. Zwischen ihr und der Schlußbilanz nach § 4 liegt kein Veranlagungszeitraum. Weil sie keine Vermögensveränderung ausweist, sondern nur eine andere Bewertung des Vermögens, kann sich aus ihr kein Gewinn ergeben; denn sie ist ja gar nicht dazu bestimmt, einen geschäftlichen Erfolg darzustellen. Es ist daher selbstverständlich, daß wegen der Unterschiede zwischen der Eröffnungs- und der Schlußbilanz keine Einkommensteuerschuld der **Gesellschaft** entstehen kann, ebensowenig irgend eine Ertragssteuer- (Gewerbesteuer-) Schuld. § 33 bestimmt dies zudem noch ausdrücklich, indem gesagt wird, daß die infolge der Aufstellung der Eröffnungsbilanz und infolge der Umstellung sich ergebenden lediglich zahlenmäßigen Vermögensveränderungen — solche liegen überhaupt nicht vor, sondern nur Bezifferungsveränderungen, die denn auch gemeint sind — „für die Steuern vom Einkommen und Ertrag keine Steuerpflicht", d. h. keine Einkommen- oder Ertragsteuer begründen.

2. Das Gesetz führt besonders an, daß dies namentlich von Vermögensteilen gelte, welche einer Rücklage zugewiesen werden. Auch dies ist nach deutschem Steuerrecht selbstverständlich, welches nur den Gewinn oder Ertrag, aber nicht die Bildung einer Rücklage als solche besteuert.

3. Weiter erwähnt das Gesetz besonders, daß auch die Auflösung stiller Rücklagen anläßlich der Neubewertung bei der Eröffnungsbilanz keine Vermögen- oder Ertragsteuerschuld hervorrufen kann. Beispielsweise führt es Unterbewertungen an. Dies darf nicht dazu verführen, anzunehmen, daß etwa die Auflösung anderer stiller Rücklagen, z. B. in Gestalt erdichteter Verpflichtungen, die erst neuerdings in Deutschland als ordnungswidrig angesehen werden, bei dieser Gelegenheit eine Steuerschuld entstehen läßt. Denn auch damit, daß die Verordnung die Auflösung stiller Rücklagen anläßlich der Eröffnungsbilanz und Umstellung für steuerfrei erklärt, besagt sie nur Selbstverständliches. Die Eröffnungsbilanz läßt eben steuerlich keinen Vergleich mit der vorangegangenen Schlußbilanz oder irgendeiner anderen früheren Bilanz zu, weil sie keine Erfolgsbilanz ist und weil kein Erfolgszeitraum zwischen ihr und der Schlußbilanz liegt.

4. Weniger einleuchtend ist, daß das Gesetz die veränderte Bezifferung des Vermögens auch nicht für die Steuern vom Vermögen maßgebend sein lassen will. Es geht damit wohl über das Ziel hinaus, denn es kann nicht angenommen werden, daß für die Steuern vom Vermögen, soweit dafür überhaupt die Bilanzwerte in Betracht kommen, auch nach der Feststellung der Eröffnungsbilanz die früheren Bilanzwerte weitergelten sollen (siehe vielmehr Abs. 2). Nach dem Reichsvermögensteuergesetz ist übrigens für die Vermögensteuer das Vermögen im Sinne des RBewG. (§ 21) maßgebend (§ 5 RVermStG.).

5. Abs. 1 Satz 2 spricht von „Vermögensteilen“, welche einer Rücklage zugewiesen werden oder durch Auflösung von stillen Rücklagen in Erscheinung treten. Beides hat nichts miteinander gemein. Ersteres ist abgestellt auf die Art der Bindung des durch die Eröffnungsbilanz ausgewiesenen Reinvermögens (Grundkapital, gebundene Rücklagen, freie Rücklagen oder Vermögen, das zur Verteilung bestimmt ist, was bei der Umstellung nicht geschehen darf) und hat nichts zu tun mit der Höhe des Vermögens; die Offenbarung von Vermögen durch Auflösung stiller Rücklagen dagegen betrifft nur die Höhe der Vermögensziffer, da sie zur Folge hat, daß das Reinvermögen nunmehr höher erscheint, aber nicht die Einteilung des Vermögens in Grundkapital und Rücklage. Daß selbstverständlich ist, daß durch die bloße Einteilung des Vermögens in Grundkapital und Rücklage und durch die Auflösung stiller Rücklagen bei der Eröffnungsbilanz keine Einkommen- oder Ertragsteuerschuld entstehen kann, ist schon gesagt worden. Außerdem haben diese „Vermögensteile“ nur miteinander gemein, daß sie gedachte Teile der abstrakten Reinvermögensziffer sind, aber nicht in bestimmten Vermögensgegenständen bestehen. Darum paßt es auch nicht, wenn die Verordnung zur Bedingung macht, daß diese Vermögensteile schon vor dem Zeitpunkt der Umstellung „Betriebsvermögen“ gewesen sind; denn Betriebsvermögen kann nur ein bestimmter Vermögensgegenstand, aber weder eine jetzt gebildete noch eine aufgelöste Rücklage sein. Davon abgesehen ist, wenn man lediglich die Einkommen- und Ertragsteuer im Auge hat, zudem nicht erkennbar, woran bei dieser Einschränkung gedacht ist, denn auch neu zugeführtes Betriebsvermögen kann niemals eine Einkommen- oder Ertragsteuerschuld begründen; was ferner die Vermögensteuer betrifft, so wurde schon erwähnt, daß für sie, wenn dafür überhaupt die Bilanzansätze von Bedeutung sind, auch wegen des schon vorhandenen Vermögens die Ansätze der Eröffnungsbilanz künftig maßgebend sein werden (siehe Abs. 2), so daß auch bezüglich der Vermögensteuer die Einschränkung nicht verständlich ist. Es ist daher anzunehmen, daß bei dieser Einschränkung an die in Abs. 3 genannte Urkundensteuer und Kapitalverkehrsteuer gedacht ist.

6. Auch damit sagt der Gesetzgeber vorsorglich etwas Selbstverständliches. Der durch die Schlußbilanz nach § 4 ausgewiesene Geschäftsgewinn ist selbstverständlich steuerpflichtig. Unter „Betriebsgebarung“ ist Geschäftsbetrieb gemeint.

7. Auch eine Steuerschuld der **Aktionäre** wird durch die bloß ziffernmäßige Vermögensveränderung, die sich für sie aus der Umstellung

ergibt, nicht begründet. Zu denken ist wohl überhaupt nur an den Fall, daß eine Gesellschaft in der Lage ist, ihr Grundkapital heraufzusetzen, wozu eine Neigung wegen der Vorteile bestehen wird, welche nach Abs. 2 damit verbunden sein können, daß die Bilanzwerte heraufgeschrieben werden, wo dies angängig ist. Wird das Grundkapital der Gesellschaft erhöht, so bringt dies zwangsläufig mit sich, daß auch der Nennwert des Aktienbesitzes der Gesellschafter, sei es durch unmittelbare Nennwerterhöhung der einzelnen Aktien, sei es durch Ausgabe zusätzlicher Aktien, erhöht wird. § 33 stellt klar, daß eine solche nennwertmäßige Vermehrung des Aktienbesitzes aus der Umstellung kein steuerpflichtiges Einkommen des Aktionärs ist. Der Fall liegt ebenso wie bei einer Erhöhung des Grundkapitals anläßlich einer Umwandlung gemäß §§ 257 ff. AktG. (vgl. insbesondere Anm. 6 zu § 263), deren Zulässigkeit freilich bestritten ist (vgl. Beschluß des KG. vom 28. April 1938, JW. 1938 S. 1901, DJ. 1938 S. 1241 mit Anm. von Godin).

Die Rechtsprechung des Reichsfinanzhofs über die Einkommensteuerpflicht von Gratisaktien (siehe gegen diese von Godin in ArchZivPr. 25 S. 69) wird hier vom Gesetzgeber selbst abgelehnt.

Was die Vermögensteuer der Aktionäre betrifft, die ja vom Wert des Vermögens erhoben wird, so ist es selbstverständlich, daß eine erhöhte Steuer nicht begründet wird, wenn sich nur der Nennbetrag, aber nicht der Wert des gesamten Aktienbesitzes eines Aktionärs durch die Umstellung vergrößert. Nur von diesem Fall spricht die Vorschrift. Es kann aber sein, daß gelegentlich der Eröffnungsbilanz und Umstellung bisher im Aktienkurs noch nicht bewertetes Gesellschaftsvermögen zum Vorschein kommt und daß sich dadurch der Handelswert des Aktienbesitzes eines Aktionärs (mit oder ohne Vergrößerung des Nennbetrages) vergrößert. Diesen Fall betrifft und begünstigt die Vorschrift nicht.

8. Abs. 3 beseitigt auch jeden möglichen Zweifel darüber, daß eine Erhöhung der Grundkapitalziffer und des Nennwertes der Aktien oder die Ausgabe zusätzlicher Aktien eine Kapitalverkehrsteuer nach dem KVStG. oder eine entsprechende österreichische Abgabepflicht nicht entstehen läßt. Eine solche entsteht nur, wenn der Gesellschaft anläßlich der Umstellung, etwa um ihr Vermögen auf 100 000 RM festsetzen zu können, durch Zuzahlung der Aktionäre oder durch Kapitalerhöhung neue Mittel zufließen. Was die vom Gesetzgeber gleichfalls ausgeschlossene Urkundensteuer betrifft, so bildet diese bei Personalgesellschaften das Gegenstück zur Verkehrsteuer bei den Kapitalgesellschaften, wird daher für letztere ohnedies nicht in Frage kommen.

9. Aus Anm. 1—8 geht hervor, daß die Abs. 1—3 größtenteils Selbstverständliches bestimmen, wenn sie klarstellen, daß die Eröffnungsbilanz und die Umstellung als solche, d. h. die Neubewertung des Gesellschaftsvermögens und die Neubemessung des Grundkapitals und der Rücklagen, weder für die Gesellschaften noch für die Gesellschafter eine Steuerschuld vom Einkommen oder Ertrag begründen können. Abs. 2 hingegen hat

einen selbständigen Inhalt; **der Einschnitt** im Leben der Gesellschaft, der durch die Eröffnungsbilanz und Umstellung gemacht wird, gilt hiernach **auch steuerlich**, so daß also auch steuerlich von vorn begonnen wird und die Steuerbehörden bei der Veranlagung nicht auf frühere Bilanzen zurückgreifen können. Für die Ermittlung des Gewinns der Gesellschaft im ersten Geschäftsjahr nach dem Stichtag der Umstellung ist also von der Eröffnungsbilanz und ihren Wertansätzen, nicht etwa von der Schlußbilanz des § 4 auszugehen. Das bedeutet insbesondere, daß das zulässige Maß der Abschreibungen sich nach ersteren bestimmt. Auch wenn ein Vermögenswert vor der Eröffnungsbilanz schon ganz abgeschrieben war, können neuerdings Absetzungen für Abnutzungen gemacht werden, wobei von den Wertansätzen der Eröffnungsbilanz auszugehen ist, wie auch auf einen neuen geringeren Teilwert heruntergegangen werden kann, wenn der Teilwert am Schluß des ersten Geschäftsjahres nach dem Stichtag der Eröffnungsbilanz geringer ist, als er an diesem war. Die früheren Abschreibungen bleiben gänzlich außer Betracht.

Die Meinungen zwischen der Steuerbehörde und der Gesellschaft werden, wie vorauszusehen ist, darüber auseinandergehen, ob die in der Eröffnungsbilanz eingesetzten Teilwerte für die Steuerbehörde bindend sind, oder ob von dieser geltend gemacht werden kann, daß sie übersetzt seien. Nach dem kategorischem Gesetzeswortlaut ist ersteres anzunehmen. Freilich kann eine unberechtigte starke Überhöhung der Wertansätze die Eröffnungsbilanz und damit auch die Umstellung nichtig machen (vgl. Anm. 24 zu § 3) und freilich kann sich wie jedermann auch die Steuerbehörde auf eine solche Nichtigkeit berufen. Dabei muß es sich aber um Willkürlichkeiten schwerer Art handeln.

Die Wertansätze der Eröffnungsbilanz sollen als Ausgangswert für die künftige Einkommen- und Ertragermittlung nur maßgebend sein, „soweit steuerliche Vorschriften nicht entgegenstehen". An welche Vorschriften hierbei gedacht ist, erhellt nicht; beständen solche, würde dieser Vorbehalt die Bestimmung des Abs. 2 gegenstandslos machen.

10. Abs. 2 enthält in Satz 2 und 3 Ausnahmen. Auf den ersten Blick möchte es scheinen, daß diese gar nicht Ausnahmen von Satz 1 darstellen, wonach die Wertansätze in der Eröffnungsbilanz die Ausgangswerte für die künftige Ermittlung des steuerpflichtigen Einkommens und Ertrages sind, sondern vielmehr Ausnahmen von § 3. Dem ist aber nicht so. Abs. 2 und 3 sind vielmehr ausschließlich steuerrechtliche Vorschriften. Handelsrechtlich sind alle Wirtschaftsgüter mit dem Teilwert anzusetzen, der ihnen am Stichtag der Eröffnungsbilanz zukommt, und gilt dieser nach § 3 Abs. 4 als Betrag der Anschaffungs- und Herstellungskosten im Sinne der Vorschrift des § 33 AktG., der für die künftigen handelsrechtlichen Bilanzen maßgebend ist.

Steuerrechtlich aber greifen die Ausnahmen des Satzes 2 und 3 Platz, so daß also hinsichtlich dieser Wirtschaftsgüter von vornherein Handels- und Steuerbilanz bedauerlicherweise auseinandergehen. Diese beiden Ausnahmen sind folgende:

11. a) Wirtschaftsgüter, die nach dem 17. März 1938, an dem die Reichsmarkwährung in der Ostmark eingeführt worden ist, angeschafft oder hergestellt worden sind, dürfen höchstens zu den Anschaffungs- oder Herstellungskosten, vermindert um die zwischenzeitlichen Absetzungen für Abnutzung (d. i. um Absetzungen für die zwischenzeitliche Abnutzung), eingesetzt werden, mag auch der Teilwert am Stichtag der Eröffnungsbilanz höher sein und in der Handelsbilanz dieser höhere Teilwert eingesetzt werden müssen und eingesetzt werden. Ist der Teilwert am Stichtag der Eröffnungsbilanz niedriger, so darf handels- und steuerrechtlich nur dieser berücksichtig werden. Recht einleuchtend ist die Ausnahme nicht, die steuerrechtlich für den Fall vorgesehen ist, daß der Teilwert höher ist.

12. b) Ohne Rücksicht auf den Zeitpunkt, wann Wirtschaftsgüter hergestellt oder angeschafft worden sind, ist steuerrechtlich von ihrem für den Stichtag der Eröffnungsbilanz ermittelten Teilwert unter Umständen ein Abzug zu machen, um den für die künftige Einkommens- und Ertragsermittlung maßgebenden Ausgangswert festzustellen. Wenn und insoweit nämlich in den vor dem Stichtag der Eröffnungsbilanz und nach dem 17. März 1938 abgelaufenen Geschäftsjahren (z. B. wenn der Stichtag der 1. Januar 1940 ist und Geschäfts- und Kalenderjahr zusammenfallen, in den Geschäftsjahren 1938 und 1939) eine Absetzung für Abnutzung oder für Abschreibung auf den niedrigeren Teilwert gemacht worden ist, darf diese nicht wieder durch Höherbewertung ausgeglichen werden. (Beispiel: a) Der Buchwert eines Wirtschaftsgutes, welches bei der Herstellung oder Anschaffung früher einmal 1500 RM gekostet hat, sei am 31. Dezember 1939 noch 300 RM, nachdem in den Jahren 1938 und 1939 je 200 RM für Abnutzung abgeschrieben worden sind. Der Teilwert am 1. Januar 1940 ist 800 RM, der gesetzliche Wertansatz der handelsrechtlichen Eröffnungsbilanz ist 800 RM, der steuerliche Ausgangswert für die künftige Ermittlung von Einkommen und Ertrag aber ist 400 RM. b) Daß der Teilwert am Stichtag der Eröffnungsbilanz höher sein kann als an dem der Schlußbilanz, ist nicht anzunehmen; es wird also der Fall nicht wohl eintreten, daß durch Höherbewertung in der Eröffnungsbilanz eine Abschreibung ausgeglichen wird, die erst in der Schlußbilanz gemacht wurde, um auf den Teilwert herabzugehen. War aber etwa der Teilwert eines Gegenstandes am 31. Dezember 1938 500 RM und sind im Jahre 1938 500 RM von dem Buchwert abgeschrieben worden, der am 31. Dezember 1937 noch 1000 RM betragen hatte, um den Buchwert in Einklang mit dem niedrigeren Teilwert zu bringen, so hat es dabei sein Bewenden, auch wenn der für die handelsrechtliche Eröffnungsbilanz maßgebende Teilwert am Stichtag vom 1. Januar

1940 wieder 1000 RM beträgt; beträgt er 1200 RM, so ist der steuerrechtliche Ausgangswert 700 RM.) Während also steuerlich schon berücksichtigte Abschreibungen früherer Jahre nicht hindern, daß ihrer ungedacht der volle Teilwert am Stichtag der Eröffnungsbilanz auch steuerrechtlich der maßgebende Ausgangswert ist, wird dieser Grundsatz für Abschreibungen eingeschränkt, welche in Geschäftsjahren gemacht worden sind, die nach dem 17. März 1938 zu Ende gegangen sind. Man wollte damit verhindern, daß Wirtschaftsgüter zweimal steuerlich mindernd abgeschrieben werden, für die bereits die Abschreibungsfreiheit nach § 2 VO. zur wirtschaftlichen Wiederbelebung Österreichs vom 23. März 1938 in Anspruch genommen worden ist. Wenn auch der Steuergläubiger seitdem gewechselt hat, so daß die wiederholten Abschreibungen denselben Steuergläubiger treffen würden, so ist doch nicht einzusehen, warum nur deshalb die wiederholte Abschreibung steuerlich unzulässig ist, während sie es nicht ist, wenn der Gegenstand früher schon völlig abgeschrieben worden war. Auch daß dadurch eine recht unübersichtliche und verwickelte Lage geschaffen wird, ist besonders bei der Geringfügigkeit der steuerlichen Belange recht unerwünscht, um die es sich hier nur handeln kann.

§ 34.

(1) Für die Beurkundung des Beschlusses der Hauptversammlung (Generalversammlung) einer Aktiengesellschaft, einer Kommanditgesellschaft auf Aktien oder einer Gesellschaft mit beschränkter Haftung über die Änderung der Satzung (des Gesellschaftervertrags), die sich aus der Umstellung der Gesellschaft ergibt, einschließlich einer Kapitalerhöhung nach § 9 Abs. 1 Satz 2 haben die Notare Anspruch auf die Hälfte der Gebühr für die unter § 6 Abs. 1 der Verordnung über den Notariatstarif vom 19. Oktober 1926 (BGBl. Nr. 306) fallenden Rechtsgeschäfte, jedoch nie auf mehr als insgesamt achthundert Reichsmark.

(2) Kann der Notar einen ihm von der Gesellschaft zur Verfügung gestellten endgültigen schriftlichen Entwurf benutzen, der — abgesehen von den durch die Notariatsform bedingten Zusätzen — wesentliche Änderungen oder Ergänzungen nicht erfordert, so ist von der nach Abs. 1 ermittelten Geschäftsgebühr nur die Hälfte zu entrichten.

(3) Der Gebührenberechnung ist als Wert der Betrag zugrunde zu legen, der als Grundkapital oder Stammkapital in die Eröffnungsbilanz eingestellt ist oder sich nach Durchführung der Kapitalerhöhung ergibt.

(4) Im übrigen sind die Vorschriften der Verordnung über den Notariatstarif vom 19. Oktober 1926 anzuwenden.

§ 35.

(1) Die Vorschriften des § 34 gelten auch für die Beurkundung des Beschlusses der Hauptversammlung einer Aktiengesellschaft oder einer Kommanditgesellschaft auf Aktien über ihre Umwandlung in eine Gesellschaft mit beschränkter Haftung, wenn nach der Eröffnungsbilanz das Grundkapital der Gesellschaft einhunderttausend Reichsmark nicht erreicht und der Beschluß vor dem 1. Januar 1941 gefaßt wird.

(2) Die Vorschriften des § 34 gelten ferner für die Beurkundung des Beschlusses der Hauptversammlung (Generalversammlung) einer Aktiengesellschaft, einer Kommanditgesellschaft auf Aktien oder einer Gesellschaft mit beschränkter Haftung über die Umwandlung nach dem Gesetz über die Umwandlung von Kapitalgesellschaften vom 5. Juli 1934 (Reichsgesetzbl. I S. 569) und seinen Durchführungsverordnungen, wenn das übertragene Reinvermögen der Aktiengesellschaft oder der Kommanditgesellschaft auf Aktien einhunderttausend Reichsmark oder das übertragene Reinvermögen der Gesellschaft mit beschränkter Haftung fünftausend Reichsmark nicht erreicht und der Beschluß vor dem 1. Januar 1941 gefaßt wird.

Abschnitt VII.

Schlußvorschriften.

§ 36.

(1) Aktiengesellschaften, Kommanditgesellschaften auf Aktien, Gesellschaften mit beschränkter Haftung und Vereine, die bis zum 31. Dezember 1940 nicht nach Abschnitt I bis III umgestellt sind, sind mit Ablauf dieses Tages aufgelöst.[1][2] An die Stelle des 31. Dezember 1940 tritt der 31. Dezember 1941, wenn der Umstellungsbeschluß vor dem 31. Dezember 1940 angefochten worden ist.

(2) Aktiengesellschaften und Kommanditgesellschaften auf Aktien, deren Grundkapital nach der Umstellung auf weniger als einhunderttausend Reichsmark lautete und die nach § 9 die Erhöhung des Grundkapitals beschlossen haben, sind außerdem mit Ablauf des 31. Dezember 1941 aufgelöst, wenn nicht die

Erhöhung des Grundkapitals auf mindestens einhunderttausend Reichsmark bis zu diesem Zeitpunkt wirksam geworden ist.[3])

(3) Abs. 1 Satz 1 gilt sinngemäß für Erwerbs- und Wirtschaftsgenossenschaften, wenn die nach § 29 notwendigen Änderungen des Genossenschaftsvertrags nicht bis zum 31. Dezember 1940 in das Genossenschaftsregister eingetragen sind.

1. Die Umstellung muß spätestens am 31. Dezember 1940 ins Handelsregister eingetragen sein. Würde der Umstellungsbeschluß vor dem 31. Dezember 1940 angefochten, was die Eintragung im Handelsregister nach § 16 Abs. 2 hindert, so muß vor dem 31. Dezember 1941 entweder der Umstellungsbeschluß, wenn die Anfechtung erfolglos blieb, oder ein neuer Umstellungsbeschluß, wenn der erstere auf die Anfechtung hin vernichtet wird, eingetragen oder die den Umstellungsbeschluß abändernde Entscheidung rechtskräftig geworden sein. (Darüber, daß im Falle einer Anfechtung die Verlängerung der Frist um nur ein Jahr zu kurz erscheint, vgl. bei § 22 Anm. 6.) Demnach ist es gefährlich, den Umstellungsbeschluß später als am 30. November 1940 zu fassen, denn die Umstellung soll nach § 16 Abs. 2 nicht vor Ablauf der einmonatigen Anfechtungsfrist eingetragen werden (siehe Erl. zu § 16 Abs. 2). Wird er später gefaßt, ist es außerdem möglich, daß von einem Aktionär Widerspruch zur Niederschrift erklärt, der Beschluß aber am 31. Dezember 1940 noch nicht angefochten ist, weil ja die Frist für die Anfechtung einen Monat beträgt. Eine nach dem 31. Dezember 1940 eingereichte Anfechtung ist nicht geeignet, die Auflösung der Gesellschaft (um die Dauer eines Jahres) aufzuschieben. Auch bestände die Möglichkeit, daß der Beschluß trotz des Widerspruchs überhaupt nicht angefochten wird und daß deshalb die Eintragung nach dem 1. Januar 1941 zu spät kommt.

2. Auf die Auflösung sind die Vorschriften des AktG. anzuwenden, auch wenn die Gesellschaft ebenso wie die Umstellung auch die Anpassung ihrer Satzung an die Vorschriften des AktG. unterlassen hat (§ 1 der 2. EinfVO.). Nach diesen Vorschriften bedeutet Auflösung nicht Untergang. Die Auflösung der Gesellschaft hat vielmehr zur Folge, daß sie abwickelt (§§ 205 ff. AktG.). Die Auflösung (§ 204 AktG.) und die ersten Abwickler (§ 207 AktG.) sind zur Eintragung in das Handelsregister anzumelden.

3. Die gewöhnliche Kapitalerhöhung wird wirksam, wenn in das Handelsregister eingetragen wird, daß sie durchgeführt ist (§ 156 AktG.). Dies setzt voraus, daß die jungen Aktien — und zwar wenigstens so viel, als erforderlich ist, damit die Grundkapitalziffer auf 100 000 RM gebracht wird — gezeichnet und mit einem Viertel eingezahlt sind. Die bedingte Kapitalerhöhung wird schon durch die Ausgabe der Bezugsaktien auf Grund der Bezugserklärung wirksam (§ 167 AktG.), ohne daß die Durchführung der Kapitalerhöhung eingetragen zu sein braucht, welche allerdings nach § 168 AktG. nachfolgend zur Eintragung anzumelden ist. Bei dem genehmigten Kapital ist hinwiederum die Kapitalerhöhung nicht schon

durch die Zeichnung von Aktien, sondern erst durch die Eintragung der durchgeführten Kapitalerhöhung wirksam. Auch für die Kapitalerhöhung nach § 9 gilt übrigens, daß das bisherige Grundkapital voll eingezahlt sein muß, wenn die Kapitalerhöhung eingetragen werden soll.

§ 37.

(1) Diese Verordnung ist nicht anzuwenden auf Aktiengesellschaften, Kommanditgesellschaften auf Aktien, Gesellschaften mit beschränkter Haftung, Erwerbs- und Wirtschaftsgenossenschaften sowie Vereine im Zustand der Abwicklung. Sie ist ferner nicht anzuwenden auf Unternehmen, deren Nennkapital und deren Anteile schon bei der Gründung auf Reichsmark gelautet haben. Die §§ 27 und 28 bleiben unberührt.

(2) Artikel 4 Abs. 6 des Abkommens über die administrative und technische Reorganisation des Netzes der Südbahn-Gesellschaft (BGBl. Nr. 546/1923) bleibt unberührt.

Vergleiche aber diesbezüglich § 1 Anm. 1 daselbst.

§ 38.

Der Reichsminister der Justiz wird ermächtigt, Vorschriften zur Durchführung und Ergänzung dieser Verordnung zu erlassen. Von den Vorschriften dieser Verordnung kann er Ausnahmen zulassen.

Der Minister kann andere Stichtage, andere Fristen, andere Mindestnennbeträge (der Aktien und des Grundkapitals) bewilligen.

§ 39.

Diese Verordnung tritt mit der Verkündung in Kraft.

Dies war der 4. August 1938.

Zweite Verordnung
zur
Einführung handelsrechtlicher Vorschriften im Lande Österreich.

Vom 2. August 1938 (RGBl. I S. 988).

Abschnitt I.
Aktiengesetz.

Artikel I.
Inkrafttreten des Aktiengesetzes.

§ 1.

(1) Das Aktiengesetz vom 30. Januar 1937 (Reichsgesetzbl. I S. 107) und die Artikel II bis VI und IX bis XVI der Ersten Durchführungsverordnung zum Aktiengesetz vom 29. September 1937 (Reichsgesetzbl. I S. 1026) treten zugleich mit den folgenden Vorschriften im Lande Österreich am 1. Januar 1939 in Kraft, soweit sie nicht schon nach der Ersten Verordnung zur Einführung handelsrechtlicher Vorschriften im Lande Österreich vom 11. April 1938 (Reichsgesetzbl. I S. 385) gelten und soweit die folgenden Vorschriften nichts anderes bestimmen.

(2) Vorschriften und Anordnungen auf Grund der Ermächtigungen im Aktiengesetz und in dieser Verordnung können schon vor dem 1. Januar 1939 für das Land Österreich getroffen werden.

1. Der im Gesetz für das Inkrafttreten des Aktiengesetzes, der Ersten Durchführungsverordnung und dieser Verordnung genannte Termin vom 1. Januar 1939 spielt praktisch so gut wie keine Rolle. Nur eine Vorschrift dieser Verordnung (vgl. unten Anm. 2 unter II) tritt tatsächlich an diesem Zeitpunkt in Kraft, während für alle anderen Bestimmungen sich aus der vorliegenden Verordnung etwas anderes ergibt. Zu einem kleinen Teil treten die Bestimmungen mit der Verkündung, zum größten Teil zu einem Zeitpunkt, den die Gesellschaften individuell innerhalb eines gewissen Rahmens bestimmen können, in Kraft. Im einzelnen vgl. die nachstehende Übersicht.

2. Übersicht über das Inkrafttreten der einzelnen Bestimmungen.

A. Für Aktiengesellschaften und Kommanditgesellschaften, die

a) erstmals im Handelsregister eingetragen sind,

b) ihren Sitz vom Reich nach Österreich oder

c) von Österreich nach dem Reich verlegen,

gelten **sämtliche Bestimmungen des Aktiengesetzes** vom 30. Januar 1937 seit dem **14. April 1938** (Erste Verordnung zur Einführung handelsrechtlicher Vor-Vorschriften im Lande Österreich vom 11. April 1938 — RGBl. I S. 385 —, ausgegeben am 13. April 1938).

B. Für alle anderen Aktiengesellschaften und Kommanditgesellschaften auf Aktien treten in Kraft:

I. **am 4. August 1938** mit der Verkündung der Zweiten Verordnung zur Einführung handelsrechtlicher Vorschriften im Lande Österreich vom 2. August 1938 (RGBl. I S. 988):

1. § 51 AktG.: Haftung desjenigen, der als Gründer oder Zeichner eine **Vorratsaktie** übernimmt, auf die volle Einlage. Verbot der Übernahme von Vorratsaktien durch ein abhängiges Unternehmen (vgl. § 6 Anm. 1 und 2),

2. § 65 AktG.: Einschränkungen für **Erwerb eigener Aktien** (vgl. § 6 der 2. DurchfVO. Anm. 1 und 3),

3. § 12 II AktG.: Verbot der Schaffung von **Mehrstimmrechtsaktien** (vgl. Anm. zu § 10),

4. §§ 105—114, 195, 196 AktG. und §§ 20, 21 der 1. DurchfVO. über Einberufung der Hauptversammlung, die Verhandlungsniederschrift, das Auskunftsrecht, das Stimmrecht, die Richtigkeit der Hauptversammlungsbeschlüsse, jedoch **nur** für die Hauptversammlungen, in denen beschlossen wird über:

   a) **Anpassung** der Satzung an das Aktiengesetz,

   b) **Umstellung** nach der Umstellungsverordnung vom 2. August 1938.

   Für alle anderen Hauptversammlungen gelten die bisherigen Bestimmungen;

5. § 125 (mit Ausnahme des Abs. III), §§ 129—144 AktG. und §§ 23—34 der 1. DurchfVO.: Aufstellung, Feststellung, Prüfung und Veröffentlichung des Jahresabschlusses, jedoch **nur** für die **Eröffnungsbilanz** im Sinne der Umstellungsverordnung vom 2. August 1938 (vgl. § 2 UVO.);

II. **am 1. Januar 1939**: § 4: das Verbot der Ausgabe von Aktien unter einem Nennbetrag von 1000 RM, ausgenommen gelegentlich der Umstellung;

III. nach der **Eintragung** des Beschlusses über die **Anpassung** der Satzungen an das Aktiengesetz ins Handelsregister:

1. alle Bestimmungen des Aktiengesetzes mit folgender **Ausnahme**:
   a) §§ 125—144: Rechnungslegung (vgl. oben unter I 5),
   b) §§ 149—174: Maßnahmen der Kapitalbeschaffung (vgl. § 14 der 2. DurchfVO.),
   c) §§ 175—194: Maßnahmen der Kapitalherabsetzung (vgl. § 14 der 2. DurchfVO.),
   d) §§ 233—252: Verschmelzung (vgl. § 16 der 2. DurchfVO.),
   e) §§ 257—287: Umwandlung (vgl. § 17 der 2. DurchfVO.);
2. von der 1. DurchfVO. folgende Bestimmungen:
   a) § 7: Gründungsprüfung,
   b) §§ 8—18: Gewinnbeteiligung der Vorstands- und Aufsichtsratsmitglieder,
   c) § 19: Namensangabe,
   d) § 20: Einberufung der Hauptversammlung,
   e) §§ 35, 37: Gebühren,
   f) § 39: Anwendung auf Kommanditgesellschaften auf Aktien;

IV. nach der **Umstellung** im Sinne der Umstellungsverordnung vom 2. August 1938:
1. die unter III 1 a—e aufgeführten Bestimmungen des **Aktiengesetzes**, also nunmehr **sämtliche**;
2. §§ 23—34 und 36 I DurchfVO.

Ausgenommen bleiben:
   a) §§ 1—6: Umtausch von Kleinaktien (vgl. § 4 Anm. 4),
   b) §§ 21, 22, 40, deren Bestimmungen abgeändert sind.

Artikel II.

Übergangsvorschriften.

§ 2.

Firma.

(1) Die Bestimmung der Satzung über die Firma ist nach § 7 dieser Verordnung dem Aktiengesetz anzupassen.[1–4])

(2) Solange eine Aktiengesellschaft die von ihr schon vor dem 1. Januar 1900 geführte Firma, in der die Bezeichnung „Aktiengesellschaft" nicht enthalten ist, in ihren wesentlichen Bestandteilen unverändert beibehält, braucht sie diese Bezeichnung in die Firma nicht aufzunehmen, es sei denn, daß die Firma aus Personennamen zusammengesetzt ist und nicht erkennen läßt, daß eine Aktiengesellschaft ihre Inhaberin ist.[5])

1. Die Anpassung der Satzung an das neue Aktienrecht kann grundsätzlich jederzeit erfolgen. Es ist stets eine Hauptversammlung erforderlich. Diese muß vor dem 1. Juli 1939 die Anpassung beschlossen haben. Die Eintragung des Beschlusses kann auch noch später erfolgen (im einzelnen vgl. hierzu § 7).

Da grundsätzlich die Satzung in ihrer Gesamtheit den Bestimmungen des AktG. angepaßt werden muß, wird der hier vorliegenden Sonderbestimmung über die Firma in der Regel keine große Bedeutung zukommen. Sie ist nicht etwa dahin zu verstehen, daß bereits vor dem Beschluß, durch den die Gesamtheit der Satzungsbestimmungen dem AktG. angepaßt wird, die Firma geändert werden müßte. Dem steht die ausdrückliche Bestimmung entgegen, daß die Anpassung der Firma nach § 7 dieser Verordnung zu erfolgen hat, also durch einen Beschluß, der zwar vor dem 1. Juli 1939 gefaßt sein muß, aber erst später wirksam zu werden braucht. Lediglich dann, wenn die Anpassung der Satzung durch Hauptversammlungsbeschluß vor dem 1. Juli 1939 nicht erfolgt und die Bestimmungen des AktG. durch Eingreifen des Registerrichters nach § 8 III für die Gesellschaft in Kraft gesetzt werden, kann die vorliegende Bestimmung praktische Bedeutung erlangen, denn es kann dann jedenfalls der Registerrichter, auf sie gestützt, der Gesellschaft den Gebrauch der unstatthaft gewordenen Firma unter Androhung von Ordnungsstrafen untersagen (§ 37 HGB.). Nach unserer Ansicht wäre dies allerdings auch ohne die Sonderbestimmung des § 2 möglich.

Gesellschaften, deren Firma die Bezeichnung „Aktiengesellschaft" nicht enthält, wie dies bisher in Österreich möglich war, setzen sich außerdem der Nichtigkeitsklage nach § 216 AktG. aus, es sei denn, daß die Ausnahme des Abs. II der vorliegenden Vorschrift vorliegt (vgl. unten Anm. 5).

2. Während im allgemeinen die Anpassung der Firma an das AktG. gleichzeitig mit der Anpassung der übrigen Bestimmungen der Satzung an das AktG. erfolgen wird, bestehen an sich keine rechtlichen Bedenken, die Firma schon vorher zu ändern. Es müßte dies dann im Rahmen der österreichischen gesetzlichen Bestimmungen und der bisherigen Satzungen erfolgen. Die Sonderbestimmungen des § 7 würden für eine solche vorweggenommene Einzelabänderung der Satzung keine Anwendung finden.

3. Darüber, wie die Firma zu ändern ist, vgl. Anm. zu § 4 AktG. Danach kann die Aktiengesellschaft grundsätzlich für alle Unternehmungen und Niederlassungen nur eine Firma haben, doch sind Zusätze zur Unterscheidung statthaft (vgl. § 4 AktG. Anm. 1; teilweise weiter gehend bei Zweigniederlassungen Schlegelberger-Quassowski zu § 4 Anm. 17). Die Firma muß sich im Sinne der Bestimmung des § 30 HGB. von allen in demselben Ort bereits bestehenden und eingetragenen Firmen deutlich unterscheiden. Sie soll dem Gegenstand des Unternehmens entnommen, also eine Sachfirma sein. Neben diesem notwendigen Bestandteil der Firma kann sie auch Personennamen oder Phantasieworte enthalten. Sie muß grundsätzlich die Bezeichnung „Aktiengesellschaft" enthalten. Da das AktG. hinsichtlich des Firmen-

rechts auf den Bestimmungen des deutschen HGB. aufbaut und diese einen Bestandteil des aktienrechtlichen Firmenrechts bilden, finden diese Bestimmungen des HGB. ebenfalls in vollem Umfange Anwendung.

4. Durch die nach vorstehender Bestimmung erforderliche **Firmenänderung** wird die Firma im allgemeinen keine neue im Sinne des § 30 HGB., so daß, falls sich gelegentlich der Neueintragung eine bereits früher bestehende Kollision mit eingetragenen Firmen herausstellen sollte, der ihre Firma umwandelnden Aktiengesellschaft ein etwa bisher bestehendes Prioritätsrecht erhalten bleibt.

5. Die Bestimmung des Abs. 2 entspricht der des Art. 22 EG. z. HGB. Danach ist die Aufnahme der Bezeichnung „Aktiengesellschaft“ dann nicht erforderlich, wenn die Firma schon vor dem 1. Januar 1900 geführt wurde und es sich um eine Sachfirma oder wenigstens um eine gemischte Sach- und Personenfirma handelt. Sinn der Bestimmung ist die Erhaltung für das Wirtschaftsleben bedeutungsvoller und wertvoller alter Firmenbezeichnungen. Man wird deshalb grundsätzlich mit einer großzügigen Behandlung rechnen können. Unzulässig ist die Fortführung in der bisherigen Form nur dann, wenn die Gefahr besteht, daß die Gesellschaft im Handelsverkehr nicht für eine Aktiengesellschaft, sondern für eine Personalgesellschaft gehalten wird.

Der Stichtag (1. Januar 1900) ergibt sich nicht aus dem österreichischen Recht, vielmehr ist er aus dem Recht des Altreichs übernommen, um eine Rechtsgleichheit zu schaffen. Man glaubte aus diesem Grunde auch den Bedenken nicht Rechnung tragen zu können, die dagegen erhoben werden können, daß u. U. seit über 30 Jahren bestehende österreichische Firmen geändert werden müssen, während dies bei der seinerzeitigen Einführung der entsprechenden Bestimmung im Altreich nicht notwendig war.

Es ist nicht erforderlich, daß die Firma seit 1. Januar 1900 unverändert geführt wurde. Es genügt, wenn wesentliche Veränderungen nicht vorgenommen wurden. Insbesondere würden also Zusätze, die in der Zwischenzeit vorgenommen worden sind, nichts schaden. Ob die Gesellschaft noch das ursprüngliche Unternehmen betreibt, ist gleichgültig, wenn sie nicht etwa durch eine Änderung des Gegenstandes des Unternehmens täuschend geworden ist.

§ 3.

Mindestnennbetrag des Grundkapitals.

Für Aktiengesellschaften, deren Grundkapital nach der Umstellung[1]) (Umstellungsverordnung vom 2. August 1938, Reichsgesetzbl. I S. 982) weniger als fünfhunderttausend Reichsmark beträgt,[2]) gilt der neu festgesetzte, im Falle des § 9 Abs. 1 der Umstellungsverordnung aber der erhöhte Nennbetrag des

Grundkapitals als Mindestnennbetrag im Sinne des § 7 Abs. 1 des Aktiengesetzes.[3]) [5]) Ändern jedoch solche Gesellschaften ihre Verhältnisse wesentlich, nehmen sie namentlich eine wesentliche Änderung des Gegenstandes des Unternehmens, ihrer Verfassung oder der Art ihres Geschäftsbetriebes vor, so sind diese Änderungen nur dann in das Handelsregister einzutragen, wenn das Grundkapital spätestens zugleich mit den Änderungen auf fünfhunderttausend Reichsmark erhöht wird.[4])

1. Die Anpassung der Satzung an das neue Aktienrecht kann bereits vor der Umstellung der Gesellschaft im Sinne des § 5 UmstVO. erfolgen. Geschieht dieses, so ist die neue Satzung unvollständig, denn es fehlt die nach § 16 AktG. erforderliche Angabe über die Höhe des Grundkapitals. Der in der Satzung genannte Betrag entspricht nicht dem Grundkapital, das die Firma nach Anpassung und Umstellung gemäß den gesetzlichen Bestimmungen auszuweisen hat. Denn nach § 5 Abs. 2 UmstVO. ergibt sich das Grundkapital aus der Differenz zwischen den Aktiven und Passiven der Eröffnungsbilanz nach Berücksichtigung der Rücklagen.

2. Das Grundkapital hatte nach den Bestimmungen des österreichischen Goldbilanzgesetzes (§ 15 BGBl. 1925, 184) grundsätzlich mindestens 500000 Schilling zu betragen. Bei kleinen Unternehmungen von rein lokaler Bedeutung konnte ausnahmsweise ein Grundkapital von mindestens 200 000 Schilling bewilligt werden, wenn die Aktien auf den Namen lauten. Bei Gesellschaften, deren Konstituierung vor dem Inkrafttreten des Goldbilanzgesetzes (19. Juni 1925) stattgefunden hatte, betrug das Grundkapital nicht weniger als 100 000 Schilling. Für Wasser-, Kraft-, Elektrizitätsgesellschaften und Eisenbahngesellschaften gelten diese Bestimmungen nicht.

Für die Übergangszeit werden durch die vorstehenden Bestimmungen die österreichischen Gesellschaften den deutschen gleichgestellt. Es gelten folgende Grundsätze:

a) Für **Neugründungen** gilt unbeschränkt § 7 AktG.: Das Grundkapital muß **mindestens fünfhunderttausend Reichsmark** betragen.

b) **Bestehende Aktiengesellschaften**, deren Grundkapital nach Durchführung der Umstellung **mindestens 100 000 RM**, aber weniger als 500 000 RM beträgt, bleiben grundsätzlich bestehen, und zwar, wie aus dem Schweigen des Gesetzes zu entnehmen ist, auch dann, wenn das Grundkapital nicht voll eingezahlt ist.

c) Aktiengesellschaften mit einem Grundkapital von **weniger als 100 000 RM** müssen dies entweder zugleich mit der Umstellung auf 100 000 RM erhöhen oder sich bis zum **31. Dezember 1940** auflösen oder umwandeln, andernfalls sie von diesem Tag an als **aufgelöst gelten** (§ 36 UmstVO.).

3. Insoweit nach vorstehendem ein Mindestnennbetrag des Grundkapitals von weniger als 500 000 RM zulässig ist, gilt das bei der Umstellung

festgestellte Grundkapital als Mindestgrundkapital im Sinne des § 7 AktG. Das bedeutet, daß eine Herabsetzung unter diesen Betrag, abgesehen von § 181 AktG. (gleichzeitige Wiedererhöhung), ohne besondere ministerielle Genehmigung (§ 7 II AktG.) unzulässig ist.

4. Die Vergünstigung entfällt, wenn die Gesellschaften ihre Verhältnisse wesentlich ändern. Dadurch sollen die sogenannten Mantelkäufe verhindert werden. Die Vorschrift ist nach Schlegelberger-Quassowski zu § 2 EG. z. AktG. Anm. 4 nur anwendbar, „wenn wirtschaftlich eine Neugründung vorliegt und wenn deshalb bei vernünftiger Betrachtung auch rechtlich der Weg der Schaffung einer neuen Gesellschaft angezeigt wäre". Diese Voraussetzungen werden keineswegs bei jeder Änderung der Verfassung oder der Art des Geschäftsbetriebes vorliegen. Das Gesetz will hier mit seiner Aufzählung nur Beispiele geben.

5. Hat eine Gesellschaft ihr Grundkapital, ohne daß sie dazu verpflichtet gewesen wäre, über das für sie nach vorstehendem erforderliche Mindestkapital hinaus erhöht, so kann sie künftig ihr Kapital nicht mehr unter diesen Betrag herabsetzen, sofern er noch unter der Mindestgrenze des § 7 AktG. von 500 000 RM liegt, auch wenn sie nach der vorliegenden Vorschrift vor der Erhöhung ein geringeres Grundkapital hätte haben dürfen (ebenso Schlegelberger-Quassowski § 2 EG. z. AktG. Anm. 3).

§ 4.

Mindestnennbetrag der Aktien.

(1) Aktien[1]) dürfen außer dem Falle des § 9 Abs. 3 der Umstellungsverordnung[2]) nur noch nach § 8 des Aktiengesetzes ausgegeben werden.[3])

(2) Für Aktiengesellschaften, die vor dem 14. April 1938 in das Handelsregister eingetragen waren, gelten im Sinne der Vorschriften über Kapitalherabsetzung als Mindestnennbetrag der Aktien der Betrag von einhundert Reichsmark und soweit Aktien über zwanzig oder fünfzig Reichsmark ausgegeben sind, diese Beträge.[4]) Dies gilt nicht für Aktien, die auf einen Nennbetrag von eintausend Reichsmark oder mehr lauten.[5])

(3) Über den späteren Umtausch der Aktien über einen geringeren als den nach § 8 Abs. 1 und 2 des Aktiengesetzes zulässigen Nennbetrag trifft der Reichsminister der Justiz im Einvernehmen mit dem Reichswirtschaftsminister Bestimmungen.[6])

1. Nach dem österreichischen Goldbilanzgesetz § 15 (BGBl. 1925, 184) ist der Mindestnennbetrag einer Aktie grundsätzlich 100 Schilling. Bei kleinen Unternehmungen von rein lokaler Bedeutung können jedoch ausnahmsweise auf Namen lautende Aktien auf einen Mindestbetrag von 50 Schilling ausgestellt werden. Bei Gesellschaften, deren

Konstituierung vor dem Inkrafttreten des Goldbilanzgesetzes (19. Juni 1925) stattgefunden hat, ist der Mindestnennbetrag pro Aktie 10 Schilling. Diese Bestimmung gilt nicht für Wasser-, Kraft-, Elektrizitätsgesellschaften. Für Eisenbahngesellschaften kann der Mindestnennbetrag für Aktien herabgesetzt werden

2. Nach § 9 Abs. 3 UmstVO. können bei der Umstellung Aktien auf einen Nennbetrag von 20, 50 oder 100 RM oder ein Vielfaches von 100 RM gestellt werden, auf 20 oder 50 RM jedoch nur, soweit dies zum Ausgleich von Spitzenbeträgen nötig ist oder soweit der auf die Aktien entfallende Betrag 100 RM nicht erreicht. Nach Abs. 5 der gleichen Bestimmung muß die Aktie auf einen Nennbetrag unter 1000 RM gestellt werden, wenn andernfalls eine Verminderung der Zahl der Anteile erforderlich wäre. (Im einzelnen vgl. Anm. zu § 9 UmstVO.)

3. Nach der vorliegenden Bestimmung wird die Ausgabe von Aktien mit einem Mindestnennbetrag unter 1000 RM verboten. Höhere Aktiennennbeträge sollen auf volle 500 RM lauten. Diese Bestimmung tritt jedoch, wie die ganze vorliegende Verordnung, nicht sofort, sondern erst am 1. Januar 1939 in Kraft. Bis dahin ist an sich die Ausgabe von Aktien mit geringem Nennbetrag noch möglich. Für eine Kapitalserhöhung würde jedoch in einem solchen Fall die nach österreichischem Recht erforderliche Genehmigung nicht erteilt.

4. Die Bestimmung des Abs. 2 entspricht der des § 3 EG. z. AktG. Abs. 2. Lediglich der Stichtag ist ein anderer. Für die deutschen Gesellschaften ist der Stichtag der 1. Oktober 1937, für die österreichischen Gesellschaften der 14. April 1938. Alle Gesellschaften, die zu diesem Zeitpunkt bereits im Handelsregister eingetragen waren, dürfen eine Kapitalherabsetzung durch Zusammenlegung von Aktien nach § 175 Abs. 4 AktG. nur dann vornehmen, wenn ohne eine solche Zusammenlegung der Mindestnennbetrag von 100 RM nicht eingehalten werden könnte, d. h. also, wenn das Ziel der Kapitalherabsetzung durch Herabsetzung des Nennbetrages der einzelnen Aktien bis zu 100 RM nicht erreicht werden kann.

Die weitere Bestimmung, wonach dann, wenn im Rahmen des § 9 Abs. 3 UmstVO. Aktien über 20 oder 50 RM ausgegeben worden sind, dieser Betrag als Mindestnennbetrag im Sinne der Vorschriften über Kapitalherabsetzung zu gelten hat, ist nur dahin aufzufassen, daß diese Nennbeträge auch nach der Kapitalherabsetzung erhalten bleiben können, nicht aber, daß etwa auf einen höheren Betrag lautende Aktien auf z. B. 20 RM Nennbetrag herabgesetzt werden müssen und dürfen, wenn im Sinne des § 9 Abs. 3 zum Ausgleich von Spitzenbeträgen die Schaffung einzelner Aktien zum Nennbetrag von 20 RM notwendig war, während im allgemeinen der Nennbetrag der einzelnen Aktie 100 RM beträgt.

5. Sind Aktien zu einem Nennbetrag von 1000 RM ausgegeben, so kann die Kapitalherabsetzung nur im Wege der Zusammenlegung erfolgen. Eine Herabsetzung des Nennbetrages unter 1000 RM ist weder erforderlich noch zulässig, auch dann nicht, wenn die Gesellschaft vor dem 14. April 1938 im Handelsregister eingetragen war. Lautet die Aktie auf einen Nennbetrag von mehr als

1000 RM, so ist zunächst der Nennbetrag bis auf 1000 RM herabzusetzen. Erst dann kann eine Zusammenlegung erfolgen.

6. Die Zulassung von Aktien mit einem Nennbetrag unter 1000 RM kommt nur für eine Übergangszeit in Frage. Im Altreich ist bereits durch die 1. DurchfVO. z. AktG. Art. 1 der Umtausch von Aktien unter 100 RM angeordnet. Diese Bestimmungen sind aber für Österreich noch nicht in Kraft gesetzt. Über den Umtausch von Aktien, die auf weniger als 1000 RM, aber auf 100 RM oder ein Vielfaches von 100 RM lauten, ist auch im Altreich noch keine Bestimmung ergangen.

§ 5.

Einzahlung auf die Aktien.

(1) Der vor der Anmeldung einer Aktiengesellschaft zur Eintragung in das Handelsregister eingeforderte Betrag (§ 28 Abs. 2, § 49 Abs. 3 des Aktiengesetzes) kann bis auf weiteres auch in Rentenbankscheinen eingezahlt werden. Dies gilt sinngemäß für die Kapitalerhöhung, die bedingte Kapitalerhöhung und das genehmigte Kapital.

(2) Soweit die Aktionäre vor dem 1. Januar 1939 mit Zustimmung der Gesellschaft Leistungen auf ihre Einlageschuld zwar nicht in der gesetzlich vorgeschriebenen, aber in wirtschaftlich gleichwertiger Weise erbracht haben, gilt die Leistung als bewirkt; die §§ 19, 20 und 150 des Aktiengesetzes bleiben unberührt. Findet durch diese Vorschrift ein anhängiger Rechtsstreit seine Erledigung, so verteilt das Gericht die Kosten nach billigem Ermessen.

Die Bestimmung entspricht wörtlich der des § 5 EG. z. AktG. mit der Ausnahme, daß im Abs. 2 der Stichtag der 1. Januar 1939 ist, während im EG. z. AktG. der maßgebende Stichtag der 1. Oktober 1937 ist. Während der Abs. 1 eine Sonderbestimmung für Zahlung in Rentenbankscheine trifft, hat der Abs. 2 eine weitergehende Bedeutung, indem er grundsätzlich alle Leistungen auf die Einlageschuld der Aktien, die vor dem 1. Januar 1939 zwar nicht in der gesetzlich vorgeschriebenen, aber in wirtschaftlich gleichwertiger Weise erbracht wurden, für wirksam erklärt. Dies gilt sowohl bei Neugründungen wie auch bei Kapitalerhöhungen. Voraussetzung ist allerdings die Zustimmung der Gesellschaft. Diese kann auch noch nachträglich erteilt werden. (Vgl. hierüber im einzelnen sowie insbesondere über die nachträgliche Zustimmung der Gesellschaft während eines Rechtsstreits Anm. 9 zu § 49 AktG.) Wann eine Leistung als wirtschaftlich gleichwertig zu erachten ist, kann nur im Einzelfall entschieden werden. Jedenfalls trifft die Voraussetzung zu, wenn die Einlagen in der jetzt gestatteten Form der Überweisung auf Postscheck- oder Bankkonto zur freien Verfügung des Vorstandes gemacht worden sind.

Verschleierte Sachgründungen werden jedoch durch die Vorschrift nicht geheilt.

§ 6.

Erwerb eigener Aktien. Vorratsaktien.

(1) Die §§ 51 und 65 des Aktiengesetzes treten mit der Verkündung dieser Verordnung in Kraft.[1])

(2) § 51 Abs. 1 des Aktiengesetzes über die Aktienübernahme für Rechnung der Gesellschaft oder eines abhängigen Unternehmens gilt auch für solche Rechtsverhältnisse, die schon vor der Verkündung dieser Verordnung begründet wurden.[2])

(3) Stellt jedoch der Aktionär vor dem 1. Januar 1939 durch schriftliche Erklärung der Gesellschaft die Aktien unter Aushändigung der dazugehörigen Urkunden zur Verfügung, so wird er von seiner Haftung frei.

(4) Die zur Verfügung gestellten Aktien sind einzuziehen. Die Einziehung geschieht, sobald ein Vorstand nach den Bestimmungen des Aktiengesetzes bestellt ist, nach den Vorschriften des Aktiengesetzes über die durch die Satzung angeordnete Zwangseinziehung unentgeltlich zur Verfügung gestellter Aktien.

(5) Von der Einziehung kann abgesehen werden, wenn die Aktien bis zum 31. Dezember 1939 veräußert werden. Der Gegenwert muß mindestens dem Nennbetrag der Aktien entsprechen und in Geld deutscher Reichswährung gezahlt werden. Der Vertrag bedarf der Schriftform. Er soll, wenn ein Aufsichtsrat nach den Vorschriften des Aktiengesetzes schon bestellt ist, nur mit seiner Genehmigung geschlossen werden. Die Genehmigung darf nur erteilt werden, wenn der Vorstand dem Aufsichtsrat nachweist, daß der Gegenwert gezahlt und der Vorstand in der Verfügung über den gezahlten Betrag nicht, namentlich nicht durch Gegenforderungen, beschränkt ist. Ein den Nennbetrag der Aktien übersteigender Teil des Gegenwertes ist in die gesetzliche Rücklage einzustellen. Wenn der Vorstand die zur Verfügung gestellten Aktien nicht rechtzeitig veräußert, kann ihn das Registergericht durch Ordnungsstrafen zur Zwangseinziehung anhalten.[3]) [4])

1. Während im allgemeinen die Bestimmungen des AktG. erst dann für die einzelnen Gesellschaften in Kraft treten, wenn sie ihre Satzung gemäß § 7 dieser Verordnung an das neue Aktienrecht angepaßt haben, treten die Bestimmungen, die sich mit dem **Erwerb von eigenen Aktien** für Rechnung der Gesellschaft und durch die Gesellschaft selbst befassen, bereits mit der Verkündung dieser Verordnung, **also am 4. August 1938 in Kraft** (vgl. Anm. 2 zu § 1 VO.) Der § 51 AktG. handelt von den sogenannten Vorratsaktien, das sind Aktien, die bei Gründung oder Kapitalerhöhung von einem Gründer oder Zeichner,

also ursprünglich für Rechnung der Gesellschaft oder von einem von ihr abhängigen Unternehmen oder für Rechnung eines solchen übernommen worden sind (vgl. Anm. I zu § 51 AktG.).

Der § 65 befaßt sich mit dem abgeleiteten Erwerb von Aktien durch die Aktiengesellschaft selbst, durch ein von ihr abhängiges Unternehmen und für Rechnung der Gesellschaft oder eines von ihr abhängigen Unternehmens.

2. Die Bestimmung des § 51 Abs. 1 AktG. gilt mit sofortiger Wirkung auch für die schon vor Inkrafttreten dieser Verordnung geschaffenen Vorratsaktien. Die Regelung entspricht der des § 6 EG. z. AktG. Die Bestimmungen sind eingehend erörtert in Anm. 14—24 zu § 51 AktG. Auf sie wird verwiesen. Abweichungen liegen nur insofern vor, als die Frist, innerhalb der der Aktionär die Aktien der Gesellschaft zur Verfügung stellen kann, nicht wie im EG. z. AktG. am 1. Januar 1938, sondern am 1. Januar 1939 abläuft. Ferner erstreckt sich die Frist, innerhalb deren die Aktien veräußert sein müssen, wenn von der Einziehung abgesehen werden kann, bis zum 31. Dezember 1939.

Der Vertrag, durch den die freihändige Veräußerung der bisherigen Vorratsaktien erfolgt, bedarf grundsätzlich der Genehmigung des Aufsichtsrats. Nach der vorliegenden Bestimmung ist diese Genehmigung dann nicht erforderlich, wenn ein Aufsichtsrat nicht besteht. Dieser Möglichkeit trägt die von dem Wortlaut des § 6 EG. abweichende Formulierung der vorliegenden Bestimmung Rechnung.

3. Das AHGB. enthält weder für Vorratsaktien noch für den Erwerb eigener Aktien eine gesetzliche Bestimmung. Hinsichtlich der Vorratsaktien galt im wesentlichen die die gleiche Rechtslage wie im Altreich. Es wird deshalb auf die Anm. I und II 1 und 2 zu § 51 AktG. verwiesen, wobei jedoch zu bemerken ist, daß die Vorratsaktien in Österreich nicht die Rolle spielen wie im Altreich.

Über den Erwerb eigener Aktien enthielt das Aktienregulativ vom 20. September 1899 in der Fassung der Verordnung vom 10. Juli 1925 in § 32 eine Regelung, die jedoch nur dann Gültigkeit hatte, wenn eine diesem Paragraphen entsprechende Bestimmung in der Satzung aufgenommen worden war. Danach war der Erwerb eigener Aktien durch Ankauf grundsätzlich nur möglich, wenn er zum Zwecke der Herabsetzung des Grundkapitals erfolgte. Eine weitere Ausnahme bestand für Gesellschaften, bei denen satzungsgemäß die allmähliche Tilgung des Grundkapitals vorgesehen war. In diesen Fällen konnten aus dem Reingewinn eigene Aktien erworben werden. Allgemein konnten schließlich eigene Aktien erworben werden im Wege der Zwangsvollstreckung zur Hereinbringung einer eigenen Forderung der Gesellschaft. In diesem Falle mußten jedoch die Aktien mit tunlichster Beschleunigung weiterveräußert, oder, falls dies nicht durchführbar war, eine Kapitalherabsetzung durchgeführt werden. Für die Gesellschaften, die eine dem Aktienregulativ entsprechende Bestimmung in ihrer Satzung hatten, tritt also durch die Anwendung des § 65 AktG. keine Verschärfung der bestehenden Rechtslage ein, vielmehr in gewissem Sinne eine Erleichterung.

4. Eigene Aktien der Gesellschaft können auch im Zuge der Umstellung gemäß § 8 UmstVO. (siehe Erl. hierzu) eingezogen werden.

§ 7.

Anpassung der Satzung an das neue Aktienrecht.

(1) Die Hauptversammlung hat vor dem 1. Juli 1939 über die Anpassung der Satzung an das Aktiengesetz zu beschließen. Eine solche Satzungsänderung kann schon vor dem 1. Januar 1939 beschlossen und in das Handelsregister eingetragen werden. Für die Änderung der Satzungsbestimmungen über die Höhe des Grundkapitals und die Nennbeträge der einzelnen Aktien gilt die Umstellungsverordnung.[2])

(2) Für die Einberufung der Hauptversammlung, die Verhandlungsniederschrift, das Auskunftsrecht und das Stimmrecht sowie für die Nichtigkeit der Hauptversammlungsbeschlüsse[5]) gelten in diesem Fall das Aktiengesetz und die Erste Durchführungsverordnung zum Aktiengesetz auch dann, wenn die Hauptversammlung vor dem 1. Januar 1939 abgehalten wird.[3]) [4]) [6])

(3) Für den Beschluß genügt die einfache Mehrheit des bei der Beschlußfassung vertretenen Grundkapitals ohne Rücksicht auf die Stimmenzahl. Eines Sonderbeschlusses der einzelnen Aktiengattungen bedarf es nicht. Dies gilt auch dann, wenn die Satzung etwas anderes bestimmt.[7]) [8])

(4) Von der Eintragung der Satzungsänderung ab gilt für die Gesellschaft das Aktiengesetz, soweit diese Verordnung oder die Umstellungsverordnung nichts anderes bestimmt, und zwar auch dann, wenn die Eintragung schon vor dem 1. Januar 1939 erfolgt.[1])

1. Der in § 1 aufgestellte Grundsatz, wonach das AktG. für bestehende Gesellschaften mit dem 1. Januar 1939 in Kraft tritt, wird durch die vorliegende Bestimmung wesentlich abgeändert. Grundsätzlich treten die meisten Bestimmungen des AktG. (im einzelnen vgl. Anm. zu § 1) in dem Augenblick in Kraft, in dem der Beschluß über die Anpassung der Satzung an das neue Aktienrecht im Handelsregister eingetragen wird. Dies kann vor dem 1. Januar 1939, aber auch später sein. Im letzten Falle allerdings nur

dann, wenn die Satzungsänderung bereits vor dem 1. Juli 1939 beschlossen wurde. Faßt die Gesellschaft bis dahin überhaupt keinen Beschluß, so greift das Registergericht ein, allerdings nicht so, daß es den fehlenden Anpassungsbeschluß ersetzt — das wäre praktisch gar nicht möglich —, sondern auf dem Umweg über die Bestimmung des § 8, wonach die Hauptversammlung, die über die Anpassung der Satzung an das AktG. beschließt, auch die Mitglieder des Aufsichtsrats und die Abschlußprüfer wählen soll. Werden die Mitglieder des Aufsichtsrats und die Abschlußprüfer nicht vor dem 1. Juli 1939 gewählt, so bestellt sie das Registergericht. Die Bestellung wird im Handelsregister vermerkt. Mit der Eintragung dieses Vermerks gelten dann die Bestimmungen des AktG. für die Gesellschaft, auch wenn ein Anpassungsbeschluß nicht ergangen ist (vgl. § 8 Anm. 9—11).

Insbesondere gilt auch § 16 III AktG. über den notwendigen Inhalt der Satzung. Fehlt es an einer der danach erforderlichen Bestimmungen oder ist sie ungültig geworden, weil sie einer zwingenden Bestimmung des AktG. widerspricht, so setzt sich die Gesellschaft der **Nichtigkeitsklage** nach § 216 AktG. aus.

2. Die **Anpassung** ist grundsätzlich zu **unterscheiden** von der **Umstellung**. Es können zwar beide Beschlüsse zusammengefaßt werden. Es kann aber auch der Anpassungsbeschluß zeitlich vor dem Umstellungsbeschluß vorgenommen werden, *niemals aber kann die Umstellung vor der Anpassung erfolgen*. Der Anpassungsbeschluß bezieht sich auf alle Bestimmungen der Satzung, soweit sie der Anpassung nach den Bestimmungen des neuen AktG. bedürfen, mit Ausnahme der auf das Grundkapital und die Nennbeträge der Aktien bezüglichen Bestimmungen. Diese können erst zusammen mit dem Umstellungsbeschluß abgeändert werden, da vorher weder das Grundkapital noch die Nennbeträge der Aktien der Höhe nach feststehen.

3. Für die **Einberufung und Durchführung der Hauptversammlung** sowie für die **Gültigkeit der Hauptversammlungsbeschlüsse gelten die Bestimmungen des AktG.**, obwohl die Hauptversammlung stattfindet, bevor der Anpassungsbeschluß eingetragen und das AktG. für die Gesellschaft in Kraft getreten ist. Die *Einberufung* hat mithin nach den Vorschriften der §§ 105 bis 109 zu erfolgen. Daneben gelten jedoch die Bestimmungen der bisherigen Satzung. Nach Art. 209 AHGB. Ziff. 8 hat die Satzung Bestimmungen darüber, in welcher Form die Zusammenberufung der Aktionäre geschieht, zu enthalten (vgl. im einzelnen hierzu § 40 AktReg.). *Insoweit die Bestimmungen der Satzung schärfer sind als die gesetzlichen Bestimmungen der §§ 105—109 AktG., sind die Satzungsbestimmungen maßgebend und umgekehrt.* Es müssen also vor allem die jeweils längsten Fristen eingehalten werden. Die Einberufung erfolgt grundsätzlich durch den Vorstand, und zwar durch sämtliche Mitglieder. Soweit die bisherige Satzung bestimmten Personen das Recht zur Einberufung der Hauptversammlung gab, bleiben diese Bestimmungen unberührt (§ 105 Abs. 1 Satz 3 AktG.). Die Einberufung muß in den Gesellschaftsblättern veröffentlicht werden, außerdem in jedem Falle im Reichsanzeiger (§ 105 in Verb.

mit § 18 AktG.). Die Gesellschaftsblätter müssen sich nach Art. 209 Ziff. 11 AHGB. aus der Satzung ergeben. Über den notwendigen Wortlaut der Einberufung, den Ort der Hauptversammlung, die Einberufungsfrist, die Ankündigung der Tagesordnung und über Sondermitteilungen vgl. die Anm. zu §§ 105, 107—109 AktG. sowie Art. 20 der 1. DurchfVO. über die Hinterlegung von Aktien bei einem Notar oder einer Wertpapiersammelbank. Auch hier sind etwa weitergehende Satzungsbestimmungen zu beachten.

4. Für die Durchführung der Hauptversammlung gelten die Bestimmungen der §§ 110—114 AktG., deren Anwendung auf die österreichischen Gesellschaften keine Schwierigkeiten bieten. Für die Durchführung der Hauptversammlung gelten die Bestimmungen des § 110 AktG. über das Verzeichnis der Teilnehmer, § 111 AktG. Niederschrift, § 112 AktG. Auskunftsrecht des Aktionärs, §§ 113, 114 AktG. Ausübung des Stimmrechts. Auch hier gelten neben den gesetzlichen Bestimmungen des AktG., auf deren Erläuterung verwiesen wird, die Bestimmungen der Satzung, insbesondere auch etwaige Bestimmungen über Beschlußfähigkeit der Hauptversammlung (vgl. § 45 AktReg.). Keine Anwendung findet jedoch die Bestimmung des § 114 Abs. 2 AktG., wonach nicht voll eingezahlte Aktien, sofern die Satzung nicht ausdrücklich abweichende Bestimmungen enthält, kein Stimmrecht haben. Nach § 11 findet gerade diese Vorschrift für alle Hauptversammlungen, die vor dem 1. Juli 1939 stattfinden, keine Anwendung (vgl. im einzelnen Anm. zu § 11).

5. Auch für die Frage der Gültigkeit der Hauptversammlungsbeschlüsse schlechthin gelten die Bestimmungen des AktG., und zwar nicht nur für die Nichtigkeit, sondern auch für die Anfechtbarkeit, mithin die §§ 195—201 AktG. Die Nichtigkeit ist mithin vor allem gegeben, wenn die Hauptversammlung nicht vom Vorstand oder von durch die Satzung ermächtigte Personen einberufen ist und wenn sie nicht ordnungsgemäß beurkundet ist. Die Anfechtungsmöglichkeit aus § 197 AktG. ist auch dann gegeben, wenn die bisher gültige Satzung durch den Beschluß der Hauptversammlung verletzt ist, soweit nicht die Satzung durch die vorliegende Bestimmung ausdrücklich aufgehoben ist (vgl. hierzu Anm. 6). Über die Sonderbestimmungen für die Anfechtung des Umstellungsbeschlusses vgl. §§ 19 ff. UmstVO.

6. Die Hauptversammlung, in der der Anpassungsbeschluß gefaßt wird, kann auch über andere Dinge beschließen. Da hinsichtlich der Einberufung, wie oben in Anm. 2 ausgeführt, die Bestimmungen der Satzung ebenso zu beachten sind wie die des AktG., können aus der Tatsache, daß die Einberufung nach der vorliegenden Bestimmung erfolgt, keine Schwierigkeiten erwachsen. Es erhebt sich aber die Frage, ob bei Beschlüssen, die mit der Anpassung nichts zu tun haben, die bisherigen Satzungsbestimmungen in Verbindung mit den bisherigen gesetzlichen Bestimmungen, oder ob die Bestimmungen des AktG. maßgebend sind. Sofern in derselben Hauptversammlung tatsächlich der Anpassungsbeschluß zustande kommt, gelten für alle in derselben Versammlung gefaßten Beschlüsse die Bestimmungen des AktG. Anders aber, wenn tatsächlich

der Anpassungsbeschluß, der vorgesehen war, nicht zustande kommt. In diesem Falle sind für die Gültigkeit der gefaßten Beschlüsse ausschließlich die bisherigen Bestimmungen, die sich aus Gesetz und Satzung ergeben, maßgebend.

7. Obwohl es sich bei dem Anpassungsbeschluß um eine Satzungsänderung handelt, bedarf er *nur der einfachen Mehrheit des bei der Beschlußfassung vertretenen Grundkapitals*. Das zusätzliche Stimmrecht von Mehrstimmrechtsaktien kommt nicht zum Zuge. Eines Sonderbeschlusses der einzelnen Aktiengattungen, wie er nach dem Aktienrecht des Altreiches erforderlich ist, kommt nicht in Frage. Er war nach AHGB. ebenfalls nicht erforderlich. Jedoch schrieben die Satzungen ihn meist vor (vgl. § 48 AktReg.). Die Besonderheit ist hier die, daß sowohl eine qualifizierte Mehrheit wie Sonderbeschlüsse auch dann nicht notwendig sind, wenn diese nach der Satzung der Gesellschaft an sich erforderlich wären.

8. Auch die an sich bei Satzungsänderungen erforderliche **staatliche Genehmigung** (vgl. Art. 214 AHGB.) ist **nicht erforderlich**, *soweit die Satzungsänderung zur Anpassung an die Vorschriften des AktG. dient* (§ 22). Für alle anderen Satzungsänderungen, die etwa gleichzeitig vorgenommen werden, ist sie jedoch erforderlich. Bei der Prüfung der Frage, ob im Einzelfall eine Änderung der Anpassung dient, wird man im allgemeinen großzügig verfahren können. Es ist darauf hinzuweisen, daß nach der gesetzlichen Bestimmung *nicht verlangt wird, daß die Satzungsänderung für die Anpassung erforderlich ist*. Einen gewissen Zusammenhang wird man jedoch immerhin verlangen müssen (vgl. auch § 22 Anm. 1).

§ 8.

Verfassung der Aktiengesellschaft.

(1) Die Hauptversammlung, die über die Anpassung der Satzung an das Aktiengesetz beschließt, soll gleichzeitig die Mitglieder des Aufsichtsrats[1–4]) und die Abschlußprüfer[6]) wählen. Der Aufsichtsrat hat unverzüglich den Vorstand zu bestellen.[5]) [7]) [13])

(2) Mit der Anmeldung der Satzungsänderung zur Eintragung in das Handelsregister sind die Vorstandsmitglieder nach § 73 des Aktiengesetzes anzumelden.[8])

(3) Werden die Mitglieder des Aufsichtsrats und die Abschlußprüfer nicht vor dem 1. Juli 1939 gewählt, so bestellt sie das Registergericht;[9]) die §§ 89 und 136 des Aktiengesetzes gelten sinngemäß.[10]) Das Gericht vermerkt die Bestellung der Aufsichtsratsmitglieder im Handelsregister; der Vermerk hat die gleiche Wirkung wie die Eintragung der Satzungsänderung (§ 7 Abs. 4).[11])

(4) Mit der Eintragung des ersten nach den Vorschriften des Aktiengesetzes bestellten Vorstands erlischt das Amt aller Mitglieder der bisherigen Verwaltungsträger.[12])

1. Die Hauptversammlung hat **vor dem 1. Juli 1939** über die Anpassung der Satzung an das AktG. zu beschließen. Dies ist eine **zwingende** Bestimmung. Die gleiche Hauptversammlung soll die Mitglieder des Aufsichtsrats und die Abschlußprüfer wählen. Hier handelt es sich also nur um eine Sollvorschrift, d. h. es können die Mitglieder des Aufsichtsrats und die Abschlußprüfer auch in einer späteren Hauptversammlung gewählt werden, jedoch muß auch diese vor dem 1. Juli 1939 stattfinden, da sonst nach Abs. 3 der vorliegenden Vorschrift das Registergericht die Bestellung vornimmt. Vor dem Anpassungsbeschluß kann die Wahl nicht erfolgen, weil es sich dann um einen Aufsichtsrat handeln würde, der nicht nach den Grundsätzen des AktG. gewählt wäre. Das Amt seiner Mitglieder würde nach Abs. 4 mit der Eintragung des ersten nach den Vorschriften des AktG. bestellten Vorstandes erlöschen. Würde ein Aufsichtsrat in einer Hauptversammlung gewählt, die vor der Hauptversammlung, die den Anpassungsbeschluß gefaßt hat, zusammentrat, so würde ein von ihm bestellter Vorstand kein nach den Vorschriften des AktG. bestellter Vorstand im Sinne des § 8 Abs. 4 sein. Man kommt mithin zu dem Ergebnis, daß die Mitglieder des Aufsichtsrats frühestens in der Hauptversammlung, die über die Anpassung beschließt, und spätestens in einer Hauptversammlung, die vor dem 1. Juli 1939 stattfindet, gewählt werden können (vgl. auch unten Anm. 9).

2. Die Bestimmung, wonach die Wahl der Aufsichtsratsmitglieder in derselben Hauptversammlung erfolgen soll, die über die Anpassung beschließt, macht insofern Schwierigkeiten, als es unklar ist, nach welchen Gesichtspunkten die Beschlußfassung vor sich gehen soll. An sich ist die neue Satzung noch nicht gültig. Sie wird ebenso wie im bisherigen deutschen Recht auch in Österreich nach Art. 214 III AHGB. erst wirksam mit der Eintragung im Handelsregister. Nach bisherigem österreichischen Recht brauchte aber eine Aktiengesellschaft überhaupt keinen Aufsichtsrat zu haben. Es ist also an sich nach den alten Satzungen gar kein Raum für eine Aufsichtsratswahl gegeben. Auch gesetzliche Bestimmungen können in diesem Zeitpunkt nicht eingreifen, da das AktG. für die Gesellschaft noch nicht gültig ist. Es bleibt also, will man zu praktischen Ergebnissen kommen, nur die Möglichkeit, sich auf den von Schlegelberger-Quassowski in Anm. 39 zu § 8 EG. z. AktG. abgelehnten Standpunkt zu stellen, daß für die Wahl des Aufsichtsrats die in der gleichen Hauptversammlung beschlossenen neuen Satzungsbestimmungen maßgebend sind, und zwar mit der dort ebenfalls erörterten Maßgabe, daß die Wahl bedingt ist durch die Eintragung der neuen Satzungen (vgl. hierzu auch Anm. 5 zu § 48 AktG.). Diese Auffassung führt im vorliegenden Fall auch nicht zu dem von Schlegelberger-Quassowski a. a. O.

gerügten Ergebnis, daß bis zur Eintragung ordnungsmäßige Verwaltungsorgane der Gesellschaft nicht bestehen, denn anders als im § 8 EG. z. AktG. erlischt das Amt der bisherigen Verwaltungsmitglieder erst mit der Eintragung des ersten nach den Vorschriften des AktG. bestellten Vorstandes. Da dieser Vorstand erst gleichzeitig mit der Anmeldung der Satzungsänderungen auf Grund des Anpassungsbeschlusses anzumelden ist, tritt mithin keine Lücke ein, wenn man sich auf den Standpunkt stellt, daß die Wahl des Aufsichtsrats durch die Eintragung der neuen Satzung bedingt ist, mithin erst in dem Augenblick zur Entstehung gelangt, wenn die Satzungsänderung eingetragen ist.

3. Es gelten fernerhin für die Wahl des Aufsichtsrats bereits die Bestimmungen des AktG., insbesondere also die Bestimmung des § 87 I AktG. Ferner die Bestimmung des § 86 I über die Höchstzahl und des § 86 II AktG., wonach nicht Aufsichtsrat werden kann, wer bereits in zehn anderen Aufsichtsräten Mitglied ist (vgl. im einzelnen Anm. zu § 86 AktG.). Man wird auch die Bestimmung des § 88 über die Entsendung von Mitgliedern in den Aufsichtsrat bereits anwenden können, wenn die neue Satzung entsprechende Bestimmungen enthält. Die Frage der Anwendbarkeit mag theoretisch zweifelhaft sein, denn das AktG. tritt grundsätzlich erst mit der Eintragung des Anpassungsbeschlusses in Kraft. Es ist jedoch offensichtlich der Wille des Gesetzgebers, daß der nach der vorliegenden Bestimmung gewählte Aufsichtsrat nach den Bestimmungen der Aktienrechts gewählt wird. Dies ergibt sich daraus, daß der durch ihn bestellte Vorstand als der nach den Vorschriften des Aktienrechts bestellte Vorstand gilt. Man wird sich deshalb über die zweifellos nicht glückliche Formulierung der Bestimmungen und die sich daraus ergebenden theoretischen Schwierigkeiten hinwegsetzen müssen.

4. Die Bestimmung des § 87 III AktG., wonach der erste Aufsichtsrat nur bis zur Beendigung der ersten Hauptversammlung, die nach Ablauf eines Jahres seit der Eintragung der Gesellschaft in das Handelsregister zur Beschlußfassung über die Entlastung stattfindet, bestellt ist, gilt grundsätzlich nur dann, wenn es sich um eine neugegründete Aktiengesellschaft handelt, nicht etwa auch in den Fällen, in denen zwar die Aktiengesellschaft schon längere Zeit bestand, nunmehr aber der erste Aufsichtsrat für diese Gesellschaft bestellt wird. In einem solchen Fall gelten vielmehr lediglich die Bestimmungen des § 87 I und II AktG.

5. Der Aufsichtsrat hat **unverzüglich** den **Vorstand zu bestellen.** Die Anmeldung hat gleichzeitig mit der Anmeldung der Eintragung des Anpassungsbeschlusses zu erfolgen, das heißt also, die Bestellung des Vorstandes erfolgt in einem Augenblick, in dem die Wahl des Aufsichtsrats überhaupt noch nicht rechtswirksam geworden ist, denn sie kann, wie oben unter Anm. 2 ausgeführt, nur bedingt erfolgen. Man wird deshalb auch die Bestellung des Vorstandes nur als eine bedingte ansehen können. Sie ist abhängig davon, daß die Wahl des Aufsichtsrats durch die Eintragung

des Anpassungsbeschlusses im Handelsregister wirksam wird. Es ist also beim Handelsregister der Anpassungsbeschluß, die Wahl des Aufsichtsrats und der Abschlußprüfer und der von dem neuen Aufsichtsrat bestellte Vorstand gleichzeitig anzumelden und gleichzeitig einzutragen. Das Handelsregister wird die Satzungsänderung gleichzeitig mit dem neu bestellten Vorstand eintragen. In diesem Augenblick beginnt das Amt des Aufsichtsrats und das Amt des Vorstandes. Es ist also äußerlich gesehen der Beginn des Amtes des Vorstandes in diesem Falle von der Eintragung im Handelsregister abhängig. Tatsächlich ist aber, wie stets, maßgebend nicht die Eintragung, sondern die Bestellung durch den Aufsichtsrat. Da diese Bestellung jedoch durch die Eintragung des Anpassungsbeschlusses bedingt ist, der wiederum gleichzeitig mit der Eintragung des Vorstandes erfolgt, tritt der Enderfolg ein, daß das Amt des Vorstandes erst mit der Eintragung beginnt. Zum selben Zeitpunkt erlöschen die Ämter aller Mitglieder der bisherigen Verwaltungsträger, also eines etwa vorhandenen Aufsichtsrates und des Vorstandes.

6. Auch für die Wahl des Abschlußprüfers gelten grundsätzlich bereits die Bestimmungen des AktG., insbesondere also § 137 AktG., wonach Abschlußprüfer nur öffentlich bestellte Wirtschaftsprüfer oder Wirtschaftsprüfungsgesellschaften sein können. Im § 27 hat sich der Reichswirtschaftsminister vorbehalten, im Einvernehmen mit dem Reichsminister der Justiz die öffentliche Bestellung von Wirtschaftsprüfern und Wirtschaftsprüfungsgesellschaften zu regeln. Solange dies nicht geschehen ist, müssen Wirtschaftsprüfer aus dem Altreich zur Prüfung herangezogen werden.

Auch die Bestimmung des § 136 II AktG. wird man bereits für anwendbar erklären müssen, denn es geht schließlich nicht an, die eine aktienrechtliche Bestimmung über die Bestellung für anwendbar zu erklären, weil es praktisch unbedingt erforderlich ist, die andere aber, weil sie vielleicht zu gewissen praktischen Schwierigkeiten führt, nicht für anwendbar zu erklären. Man wird vielmehr, will man dem Willen des Gesetzgebers gerecht werden, grundsätzlich über den Wortlaut der Verordnung hinaus die Bestimmungen des AktG. über die Bestellung und Auswahl der Abschlußprüfer schlechthin für anwendbar erklären müssen. Es erhebt sich mithin die Frage, welchem Vorstand und Aufsichtsrat das Widerspruchsrecht des § 136 II AktG. zusteht, dem zur Zeit im Amt befindlichen oder dem auf Grund der neuen Satzung gewählten. Nach unserer Ansicht steht das Recht allein den bisherigen Verwaltungsträgern zu, denn der neue Aufsichtsrat, und, falls dieser sofort in der Sitzung den Vorstand bestellt, der Vorstand, sind nur bedingt gewählt und bestellt. Ihr Amt beginnt erst mit der Eintragung der Satzungsänderung im Handelsregister. Daß der nur bedingt gewählte Aufsichtsrat eine Amtshandlung, nämlich die Bestellung des Vorstandes, vornehmen darf, ist eine Ausnahmebestimmung, die keinesfalls dazu führen darf, den Aufsichtsrat bereits allgemein vor der Eintragung der Satzungsänderung für funktionsfähig zu erklären.

7. Auf die Bestellung des Vorstandes finden aus den in den vorstehenden Anmerkungen erörterten Gründen die Bestimmungen des

§ 75 AktG. Anwendung, das heißt die Bestellung kann höchstens auf fünf Jahre erfolgen. Es kann auch bereits ein Mitglied des Vorstandes zum Vorsitzer ernannt werden (im einzelnen vgl. die Anm. zu § 75).

8. Die Anmeldung der Satzungsänderungen zur Eintragung in das Handelsregister und die Anmeldung des neuen Vorstandes erfolgt im vorliegenden Fall durch den alten Vorstand, da, anders wie sonst, der alte Vorstand noch im Amt ist. Für die Form der Anmeldung und die Frage, wer die Anmeldung zu unterzeichnen hat, sind die bisherigen österreichischen Bestimmungen maßgebend.

9. Das **Eingreifen des Registergerichts** mit der weitgehenden Folge, daß dadurch das AktG. für die Gesellschaft in Kraft tritt, wird vom Gesetzgeber nicht an die Anmeldung des Anpassungsbeschlusses geknüpft, sondern merkwürdigerweise an die Wahl der Mitglieder des Aufsichtsrats und der Abschlußprüfer. Dadurch ist es den Gesellschaften ermöglicht, das Inkrafttreten des Gesetzes über den 1. Juli 1939 hinauszuzögern, indem sie nämlich den Anpassungsbeschluß zwar vor dem 1. Juli 1939 fassen, auch die Mitglieder des Aufsichtsrats und die Abschlußprüfer vor diesem Zeitpunkt wählen, aber den Anpassungsbeschluß nicht zur Eintragung anmelden. Es besteht für den Registerrichter keine Möglichkeit, durch Ordnungsstrafen auf die Anmeldung hinzuwirken. Es besteht nach dem Wortlaut der vorliegenden Bestimmung überhaupt keine Möglichkeit, in einem solchen Falle die Gesellschaft zu zwingen, die Schritte zu tun, die das Inkrafttreten des AktG. für sie zur Folge haben. Dieses Ergebnis ist durchaus unerfreulich und kann mit dem Willen des Gesetzgebers nicht übereinstimmen. Man wird deshalb annehmen müssen, daß der Registerrichter auch dann zur Bestellung der Mitglieder des Aufsichtsrats und der Abschlußprüfer schreiten kann, wenn deren Wahl zwar vor dem 1. Juli 1939 vorgenommen, sie aber praktisch dadurch bedeutungslos geblieben ist, daß der Anpassungsbeschluß nicht zur Eintragung in das Handelsregister angemeldet wird. Da, wie oben in Anm. 2 ausgeführt, die vor Eintragung des Anpassungsbeschlusses vorgenommene Wahl des Aufsichtsrats durch die Eintragung des Anpassungsbeschlusses im Handelsregister bedingt ist, wird man sagen können, daß nur dann eine ordnungsgemäße Wahl stattgefunden hat, wenn nicht der Eintritt dieser Bedingung vereitelt wird. Wird die Anmeldung des Anpassungsbeschlusses ohne sachliche Gründe verzögert, so muß man die in der gleichen Hauptversammlung bedingt vorgenommene Wahl der Aufsichtsratsmitglieder als nicht geschehen ansehen. Der Registerrichter ist nunmehr berechtigt, auf Grund der vorliegenden Bestimmung einzuschreiten, um damit das Inkrafttreten des AktG. für die Gesellschaft in Lauf zu bringen. Was man unter einer angemessenen Frist zur Anmeldung des Anpassungsbeschlusses zu verstehen hat, wird man im Einzelfall entscheiden müssen.

10. Liegen die Voraussetzungen zu einem Eingreifen des Registergerichts vor, so hat es, ohne die im § 89 AktG. vorgesehene Frist von drei Monaten

abzuwarten, die Mitglieder des Aufsichtsrats zu bestellen, und zwar gemäß § 86 I AktG. drei. Auch eines Antrags bedarf es nicht, da die Bestimmungen des § 89 AktG. nur sinngemäß zur Anwendung gelangen. Dagegen gilt die Bestimmung des § 89 II AktG., wonach das Gericht von ihm bestellte Mitglieder abzuberufen hat, wenn die Voraussetzungen der Bestellung weggefallen sind, das heißt also, wenn die Hauptversammlung ihrerseits eine den Bestimmungen des AktG. entsprechende Wahl vorgenommen hat (vgl. hierzu Anm. 5 zu § 89 AktG.).

11. Es erfolgt keine Eintragung der Aufsichtsratsmitglieder im Handelsregister, da diese überhaupt nicht in das Handelsregister gehören. Es wird vielmehr ein dem bisherigen Recht fremder Vermerk eingetragen, der nichts weiter als die Tatsache enthält, daß die Aufsichtsratsmitglieder durch das Gericht bestellt sind. Die Eintragung dieses Vermerks im Handelsregister hat die Wirkung, daß von diesem Tage an das AktG. für die betreffende Gesellschaft in Kraft tritt (vgl. Anm. 1 zu § 7). Der durch das Gericht bestellte Aufsichtsrat hat, ebenso wie der gewählte, unverzüglich den Vorstand zu bestellen. Dieser Vorstand gilt dann als erster nach den Vorschriften des Aktienrechtes bestellter Vorstand.

12. Das Amt aller Verwaltungsträger, also sowohl des Vorstandes wie eines Aufsichtsrats oder anderer Verwaltungsgremien, erlischt in dem Augenblick, in dem der erste nach den Vorschriften des AktG. bestellte Vorstand im Handelsregister eingetragen wird. Auf den Zeitpunkt der Bestellung des Vorstandes oder auf den der Wahl des neuen Aufsichtsrats kommt es mithin nicht an. Es können dadurch Schwierigkeiten auftreten. Wenn z. B. der Anpassungsbeschluß bereits vor dem 1. Juli 1939 eingetragen und ein neuer Aufsichtsrat nach den Bestimmungen des AktG. gewählt ist, dieser aber noch keinen Vorstand bestellt hat und mithin noch kein neuer Vorstand eingetragen ist, so steht der neue Aufsichtsrat neben dem alten, sofern ein solcher bereits vorhanden war. Welcher ist verantwortlich? Man wird mit Rücksicht auf die vorliegende Bestimmung annehmen müssen, daß der alte so lange verantwortlich bleibt, bis die Bestellung und Eintragung des neuen Vorstandes durchgeführt ist. Daneben ist aber der neue Aufsichtsrat für alle Schäden verantwortlich, die dadurch entstehen, daß er entgegen der Bestimmung des § 8 Abs. 1 Satz 2 den neuen Vorstand nicht unverzüglich bestellt hat. Ferner ist § 76 AktG. anwendbar. Das Gericht kann auf Antrag eines Beteiligten einen Vorstand bestellen; mit seiner Eintragung erlischt dann das Amt der bisherigen Verwaltungsträger. Bis dahin werden jedoch sämtliche Funktionen des Aufsichtsrats, mit Ausnahme der Bestellung des neuen Vorstandes, nach wie vor von dem alten Aufsichtsrat ausgeübt. War bisher kein Aufsichtsrat vorhanden, so ändert sich grundsätzlich nichts gegenüber dem vorstehend Ausgeführten. Für die Gesamtleitung der Gesellschaft sind bis zu dem im § 8 IV angegebenen Zeitpunkt die bisherigen Verwaltungsträger verantwortlich. Der neue Aufsichtsrat existiert zwar, so daß insoweit dem AktG. Genüge geschehen ist; er kann aber nur die Tätigkeit ausüben, die erforderlich ist, um das Amt der bisherigen Verwaltungsträger zum Erlöschen zu bringen: also den Vorstand bestellen und evtl. einen Antrag aus § 76 AktG. stellen, wenn etwa der an sich dazu verpflichtete alte Vorstand es ablehnen sollte, den neuen Vorstand anzumelden.

13. Das Gesetz bestimmt nichts über die **Anstellungsverträge der Vorstandsmitglieder.** Deren Dauer ist grundsätzlich unabhängig von der Dauer des Amtes. Nach § 75 AktG. können Anstellungsverträge nur auf die Höchstdauer von fünf Jahren abgeschlossen werden. § 7 II EG. z. AktG. sah vor, daß diese Frist von fünf Jahren für Vorstandsmitglieder, die beim Inkrafttreten des AktG. im Amt sind, mit diesem Zeitpunkt begann. Nach der vorliegenden Bestimmung gibt es beim normalen Ablauf der Dinge, wie der Gesetzgeber sie sich vorgestellt hat, im Augenblick des Inkrafttretens des AktG. für die betreffende Gesellschaft „kein im Amt befindliches Vorstandsmitglied". Denn sein Amt erlischt regelmäßig im gleichen Zeitpunkt, nämlich dann, wenn der Anpassungsbeschluß gleichzeitig mit dem neuen Vorstandsmitglied im Handelsregister eingetragen wird. Es wirft sich mithin die Frage auf, ob das *kraft Gesetzes eintretende Erlöschen des Amtes* des Vorstandes auch die Auflösung des *Anstellungsvertrages* zur Folge hat. Das wird man entsprechend der vom AktG. gewollten Unterscheidung zwischen Amt und Anstellungsvertrag (deren Berechtigung sehr zweifelhaft ist; vgl. über die gegenteilige Auffassung v. Godin in Zeitschr. d. Akademie f. d. R. 1938 S. 596) nur dann annehmen können, wenn ein *wichtiger Grund zur Abberufung im Sinne des § 75 II AktG. vorliegt.* Dieser Grund kann sich aus der Anpassung der Verwaltungsorgane der Gesellschaft an das AktG. ergeben. Er liegt aber nicht allein schon in der Tatsache, daß kraft Gesetzes sämtliche Ämter aller Mitglieder der bisherigen Verwaltungsträger erlöschen. Die bisherigen Anstellungsverträge laufen deshalb im allgemeinen unverändert weiter, jedoch mit der Beschränkung, daß ihre Dauer auf fünf Jahre begrenzt ist. Dies ergibt sich aus § 75 Abs. 1 AktG. Das den Vorstandsmitgliedern im Altreich beim Inkrafttreten des Gesetzes gewährte Kündigungsrecht aus § 7 III EG. z. AktG. wird, ohne daß ein Grund hierfür ersichtlich wäre, den österreichischen Vorstandsmitgliedern nicht gewährt.

§ 9.

Vorstand.

Die Entscheidungsbefugnis nach § 70 Abs. 2 Satz 2 des Aktiengesetzes steht nur einem von dem neuen Aufsichtsrat ernannten Vorsitzer des Vorstands zu.

Die Bestimmung entspricht der des § 7 I Abs. 1 EG. z. AktG. Sie geht von dem Grundgedanken aus, daß einem Vorsitzer des Vorstandes nach altem Recht im allgemeinen die Entscheidungsbefugnis, wie sie dem vom Aufsichtsrat ernannten Vorsitzer des § 70 II Satz 2 AktG. zukommt, nicht zustand. Seine Rechtsposition soll durch das Inkrafttreten des AktG. nicht automatisch verbessert werden. Deshalb steht nur dem Vorsitzer des Vorstandes die Entscheidungsbefugnis zu, der von dem neuen Aufsichtsrat ernannt ist. Diese Ernennung kann gleichzeitig mit der Bestellung des Vorstandes erfolgen, also noch zu einem Zeitpunkt, in dem der neue Aufsichtsrat nur bedingt gewählt ist (vgl. im einzelnen hierzu Anm. 5 und 7 zu § 8). Über die Entscheidungsbefugnis des Vorsitzers nach neuem Recht vgl. § 70 AktG. Anm. 6 und 7.

§ 10.

Mehrstimmrechtsaktien.

Mehrstimmrechtsaktien,[1]) deren Ausgabe vor dem Tage der Verkündung dieser Verordnung beschlossen worden ist, verlieren ihren Vorzug im Stimmrecht zu einem von der Reichsregierung zu bestimmenden Zeitpunkt, wenn nicht der Reichswirtschaftsminister im Einvernehmen mit dem Reichsminister der Justiz und den sonst beteiligten Reichsministern nach § 12 des Aktiengesetzes Ausnahmen zuläßt.[3]) Vom Tage der Verkündung dieser Verordnung an dürfen Mehrstimmrechtsaktien nur noch geschaffen werden, wenn die Minister es zulassen (§ 12 des Aktiengesetzes).[2])

1. Mehrstimmrechtsaktien sind in Österreich grundsätzlich zulässig, soweit der Gesellschaftsvertrag entsprechende Bestimmungen enthält (Art. 224 Abs. 2 AHGB.). Sie spielen praktisch allerdings keine Rolle, weil ihre Einführung als Satzungsänderung der staatlichen Genehmigung bedurfte, die grundsätzlich nicht erteilt wurde. Trotzdem etwa bestehende Mehrstimmrechtsaktien dürfen fortbestehen, sie werden auch grundsätzlich durch die Umstellung nicht berührt (vgl. § 6 UmstVO., insbes. Anm. 2). Erforderlich ist jedoch, daß das Mehrstimmrecht am Tage der Verkündung dieser Verordnung, also am 4. August 1938, bereits wirksam zur Entstehung gelangt war. Es muß also im Falle der Gründung einer neuen Gesellschaft deren Eintragung und im Falle der Kapitalerhöhung die Eintragung der Durchführung der Kapitalerhöhung vor dem 4. August 1938 erfolgt sein. Dagegen ist es nicht erforderlich, daß die Aktienurkunde bereits vorher ausgegeben ist. Dies kann vielmehr noch nachträglich geschehen.

2. Neue Mehrstimmrechtsaktien dürfen vom 4. August 1938 ab nicht mehr geschaffen werden, es sei denn, daß die im § 12 AktG. vorgesehene Ausnahmegenehmigung vorliegt.

3. Auch soweit das Mehrstimmrecht nach der vorstehenden Bestimmung erhalten bleibt, hat es an Bedeutung wesentlich verloren, sobald die Bestimmungen des AktG. für die Gesellschaft in Kraft treten (vgl. hierzu Anm. 6 zu § 12 AktG.).

§ 11.

Stimmrecht nicht voll eingezahlter Aktien.

§ 114 Abs. 2 des Aktiengesetzes gilt auch für Aktien, die beim Inkrafttreten dieser Vorschrift nicht voll eingezahlt sind. Jedoch findet die Vorschrift auf die vor dem 1. Juli 1939 stattfindenden Hauptversammlungen keine Anwendung; das Stimmenverhältnis richtet sich insoweit nach den bisherigen Vorschriften.

Nach Art. 224 II AHGB. gewährt jede Aktie dem Inhaber eine Stimme, ohne Rücksicht darauf, ob die Einzahlung auf die Aktie voll geleistet war; vielmehr kam es für die Entstehung des Stimmrechts lediglich auf die Entstehung des Mitgliedschaftsrechts des Aktionärs an. Nach § 114 II Satz 2 AktG. entsteht das Stimmrecht grundsätzlich erst dann, wenn die Einlage voll geleistet ist. Hierdurch soll eine Umgehung des Verbots von Mehrstimmrechtsaktien verhindert werden. Dieser Grundsatz wird durch die vorliegende Vorschrift auch auf solche nicht voll eingezahlte Aktien ausgedehnt, die zur Zeit des Inkrafttretens dieser Vorschrift, also am 1. Januar 1939, bestehen. Es gilt jedoch die wichtige **Ausnahme,** daß das Stimmrecht dieser vor dem 1. Januar 1939 bereits bestehenden nicht voll eingezahlten Aktien in **allen Hauptversammlungen, die vor dem 1. Juli 1939 stattfinden,** erhalten bleibt. Damit ist vor allem das Stimmrecht in dem bisherigen Umfang für die Hauptversammlung gewährt, die den Anpassungsbeschluß faßt, und es ist der Gesellschaft Gelegenheit gegeben, ihre Satzungen den Bestimmungen des § 114 II AktG. anzupassen. Es kann danach nämlich bestimmt werden, daß das Stimmrecht beginnt, wenn auf die Aktie die gesetzliche oder höhere satzungsmäßige Mindesteinlage geleistet ist (im einzelnen vgl. hierzu Anm. 5—9 zu § 114 AktG.).

Für Aktien, die erst nach dem Inkrafttreten des AktG. für die betreffende Gesellschaft neu geschaffen werden, insbesondere also durch Kapitalerhöhung, gilt der Aufschub für die Anwendung des § 114 Abs. 2 AktG. nicht, da ja in diesem Falle den Gesellschaften bereits Gelegenheit gegeben war, durch Anpassung ihrer Satzungen an das neue AktG. auch das Stimmrecht nicht voll eingezahlter Aktien nach § 114 Abs. 2 zu regeln.

§ 12.

Rechnungslegung.

Die Vorschriften des Aktiengesetzes und der Ersten Durchführungsverordnung zum Aktiengesetz über die Rechnungslegung gelten nicht für die Rechnungsabschlüsse, die für frühere Stichtage als den Stichtag der Eröffnungsbilanz nach der Umstellungsverordnung aufgestellt werden. Die §§ 125 und 126 des Aktiengesetzes sind auch auf diese Rechnungsabschlüsse anzuwenden, sobald der Vorstand und der Aufsichtsrat nach den Vorschriften des Aktiengesetzes bestellt sind; die Rechnungsabschlüsse werden jedoch von der Hauptversammlung festgestellt.[1] [2]

1. Während der weitaus größte Teil der Vorschriften des AktG. nach § 7 dann in Kraft tritt, wenn der Anpassungsbeschluß im Handelsregister eingetragen wird, gelten für die Vorschriften über die Rechnungslegung abweichende Bestimmungen. Sie treten teils vor, teils nach diesem Zeitpunkt in Kraft.

a) Vor diesem Zeitpunkt gelten sie bereits für die Aufstellung der Eröffnungsbilanz nach § 2 Abs. 4 UmstVO (vgl. die Erl. zu §§ 2 und 3 UmstVO.).

b) Trotz Eintragung des Anpassungsbeschlusses treten die Bestimmungen nicht in Kraft, wenn es sich um Rechnungsabschlüsse handelt, die für einen früheren Stichtag als den Stichtag der Eröffnungsbilanz aufgestellt sind. Hier besteht jedoch eine Ausnahme. Die Bestimmungen der §§ 125 und 126 AktG. sind in diesen Fällen bereits anzuwenden, sofern Aufsichtsrat und Vorstand nach den Vorschriften des AktG. bereits gewählt bzw. bestellt sind. Danach hat in diesen Fällen der Vorstand in den ersten drei Monaten des Geschäftsjahres den Jahresabschluß dem Aufsichtsrat vorzulegen. Dieser hat sich innerhalb eines Monats nach Vorlegung dem Vorstand gegenüber zu erklären. In allen Fällen bleibt es aber, entgegen den Bestimmungen des § 125 III AktG., der Hauptversammlung vorbehalten, über den Jahresabschluß zu beschließen. Es findet also gerade die wichtigste Bestimmung des neuen AktG., wonach die Feststellungen des Jahresabschlusses durch Vorstand und Aufsichtsrat erfolgen, keine Anwendung auf alle Jahresabschlüsse, die vor der Eröffnungsbilanz liegen.

c) In vollem Umfange treten die Vorschriften über die Rechnungslegung mithin erst in Kraft für einen Rechnungsabschluß, dessen Stichtag nach dem Stichtag der Eröffnungsbilanz liegt und zu diesem Zeitpunkt das AktG. gemäß der Bestimmung des § 7 IV bzw. § 8 III bereits allgemein für die betreffende Gesellschaft in Kraft getreten ist.

2. Es erhebt sich die Frage, nach welchen Grundsätzen ein Rechnungsabschluß zu behandeln ist, dessen Stichtag zwar nach dem der Eröffnungsbilanz liegt, aber in eine Zeit fällt, in der nach § 7 das AktG. für die Gesellschaft noch nicht in Kraft war. Der Fall wird praktisch nur selten vorkommen, nämlich dann, wenn sich die Eintragung des Anpassungsbeschlusses erheblich verzögert, so daß inzwischen ein Geschäftsjahr abgelaufen ist. Es fehlt für diesen Fall bei den österreichischen Gesellschaften an einer der Bestimmung des § 11 EG. z. AktG. entsprechenden Bestimmung, welche die Bestimmungen über die Rechnungslegung erstmals für das beim Inkrafttreten des AktG. laufende Geschäftsjahr für an-

wendbar erklärte. Man wird deshalb auf solche Abschlüsse die Bestimmungen des AktG. zur Anwendung bringen müssen, obwohl dieses Gesetz nach § 7 IV für die Gesellschaft noch nicht gilt. Wenn die hier vertretene Ansicht sich auch nicht aus den Bestimmungen der vorliegenden Verordnung begründen läßt, so würde es doch praktisch, insbesondere steuerrechtlich, zu unhaltbaren Ergebnissen führen, wollte man sich auf den an sich theoretisch richtigen Standpunkt stellen, daß in dem hier zur Erörterung stehenden Fall für den Rechnungsabschluß noch die alten Bestimmungen des Gesetzes und der Satzung gelten sollten.

Die Feststellung eines solchen Rechnungsabschlusses erfolgt durch die Hauptversammlung, und zwar sind auf diese die alten Gesetze und Satzungsbestimmungen anzuwenden.

§ 13.

Gründerbezugsrechte.

Rechte auf den Bezug neuer Aktien, die nach früheren Vorschriften vor dem Beschluß über die Erhöhung des Grundkapitals zulässig zugesichert worden sind,[1]) können nicht mehr ausgeübt[2]) werden.

1. Nach § 153 AktG. steht jedem Aktionär bei der Kapitalerhöhung ein gesetzliches Bezugsrecht zu, das nur im Beschluß über die Erhöhung des Grundkapitals ganz oder teilweise ausgeschlossen werden kann. Ein solches gesetzliches Bezugsrecht gab es nach österreichischem Recht nicht. Wohl aber konnten durch die Satzung Bezugsrechte eingeräumt werden. § 31 Abs. 4 AktReg. erklärte ein solches statutarisches Bezugsrecht der Aktionäre unter gewissen Voraussetzungen für zulässig, untersagte aber, anderen Personen ein solches Recht einzuräumen. Das Bezugsrecht konnte sowohl allen Aktionären wie auch bestimmten Gruppen oder einzelnen Aktionären eingeräumt werden.

In dem Augenblick, in dem für die österreichischen Gesellschaften das neue AktG. in Kraft tritt (§ 7 Abs. 4), kommt die Neueinräumung von Rechten auf den Bezug neuer Aktien, durch die das gesetzliche Bezugsrecht berührt werden konnte, nicht mehr in Frage, da dies durch die Bestimmung des § 154 AktG. verboten ist (vgl. im einzelnen die Anm. dort). Durch die vorliegende Bestimmung wird darüber hinaus aber auch die Ausübung bereits früher rechtswirksam zugesicherter Bezugsrechte verboten, und zwar vom Inkrafttreten der Verordnung an, das ist vom 1. Januar 1939 ab. Die Bestimmung entspricht der des § 12 EG. z. AktG. Sehr große Bedeutung dürfte ihr auch für die österreischen Gesellschaften nicht zukommen, da § 31 AktReg. dem Bestehen derartiger Bezugsrechte Grenzen auferlegte, immerhin waren sie gesetzlich nicht verboten, während eine dem § 153 AktG. entsprechende gesetzliche Bestimmung im Altreich schon seit 1884 bestand und die vorher begründeten, sogenannten Gründervorrechte bereits nach einer Reichsgerichtsentscheidung aus dem Jahre 1936 für unwirksam erklärt worden waren.

2. Unter Ausübung im Sinne der vorstehenden Vorschrift versteht man den Erwerb des Aktienrechts. Sollte dies bereits vor Inkrafttreten der Verordnung, also vor dem 1. Januar 1939, erworben sein, so könnte nach diesem Zeitpunkt die Aktienurkunde noch ausgegeben werden.

§ 14.

Kapitalbeschaffung und Kapitalherabsetzung.

(1) Maßnahmen der Kapitalbeschaffung und der Kapitalherabsetzung können frühestens gleichzeitig mit der Umstellung nach der Umstellungsverordnung beschlossen und in das Handelsregister eingetragen werden.[1]

(2) Bis zum 31. Dezember 1941[3] kann eine Kapitalherabsetzung durch Einziehung entgeltlich erworbener Aktien auch nach den Vorschriften des Aktiengesetzes über die vereinfachte Kapitalherabsetzung vorgenommen werden, wenn die Gesellschaft die Aktien vor dem 14. Mai 1932 erworben hat.[2] Dabei genügt für den Beschluß über die Herabsetzung des Grundkapitals die einfache Stimmenmehrheit; § 183 des Aktiengesetzes über die Auflösung von Rücklagen und § 186 des Aktiengesetzes über die Beschränkung der Einstellung von Beträgen in die gesetzliche Rücklage gelten nicht.[4] [5]

1. Alle Maßnahmen, durch die eine Veränderung des Grundkapitals eintreten würde, können grundsätzlich frühestens gleichzeitig mit der Umstellung beschlossen und in das Handelsregister eingetragen werden. Der Grund liegt darin, daß das im Sinne des AktG. maßgebende Grundkapital noch gar nicht feststeht, vielmehr durch die Umstellung erst festgestellt wird. Es würde infolgedessen zur Verwirrung führen, wenn vorher Änderungen im Kapital möglich wären. Es sind deshalb sowohl alle Maßnahmen der Kapitalbeschaffung, also Kapitalerhöhung (§§ 149—158 AktG.), bedingte Kapitalerhöhung (§§ 159—168 AktG.), genehmigtes Kapital (§§ 169—173 AktG.), Ausgabe von Wandelschuldverschreibungen und Gewinnschuldverschreibungen (§ 174 AktG.), wie auch die Verschmelzung (§ 16) und Umwandlung (§ 17) bis zu diesem Zeitpunkt verboten.

Die Bestimmung allein würde nicht ausschließen, daß die österreichischen Gesellschaften, für die das AktG. noch nicht in Kraft getreten ist, im Rahmen der bisherigen Bestimmungen Kapitalherabsetzungen oder -erhöhungen vornehmen könnten. Da jedoch eine Erhöhung des auf Schillinge lautenden Grundkapitals nach Einführung der Reichsmarkwährung nicht mehr möglich ist, wird praktisch jede Veränderung des Grundkapitals schon jetzt unmöglich gemacht, ganz abgesehen davon, daß eine solche Veränderung des Grundkapitals der staatlichen Genehmigung bedürfte und eine solche nicht erteilt würde.

2. Ähnlich wie im § 13 EG. z. AktG. wird eine Übergangszeit geschaffen, innerhalb deren die Gesellschaft in der Lage ist, entgeltlich erworbene eigene Aktien nach den Vorschriften des AktG. über die vereinfachte Kapitalherabsetzung (§§ 182 bis 194) einzuziehen. Voraussetzung ist, daß die Aktien vor dem 14. Mai 1932 erworben sind. Dieser Stichtag ergibt sich aus dem Bundesgesetz vom 28. Juli 1932 über die Herabsetzung des Grundkapitals von Aktiengesellschaften (Kommanditgesellschaften auf Aktien) (BGBl. 213), wo nach § 2 die Kapitalherabsetzung in erleichterter Form ausdrücklich verboten war, wenn die Aktien nach dem 15. Mai 1932 von der Gesellschaft selbst oder von einem anderen für ihre Rechnung entgeltlich erworben wurden.

3. Die Kapitalherabsetzung durch Einziehung entgeltlich erworbener Aktien muß bis zum 31. Dezember 1941 vorgenommen werden, das heißt, es muß bis zu diesem Zeitpunkt die Einziehung im Sinne des § 193 AktG. wirksam geworden sein, also der Einziehungsbeschluß der Hauptversammlung im Handelsregister bis zu diesem Zeitpunkt eingetragen sein. Für den Hauptversammlungsbeschluß ist, statt der im § 182 Abs. 2 AktG. in Verb. mit § 175 Abs. 1 AktG. vorgesehenen Dreiviertelmehrheit des vertretenen Grundkapitals, die einfache Stimmenmehrheit genügend. Auch für den Sonderbeschluß nach § 175 Abs. 2 AktG. genügt für diesen Ausnahmefall die einfache Stimmenmehrheit (vgl. im einzelnen die Anm. zu §§ 192 und 193 AktG.).

4. Die Kapitalherabsetzung ist in diesem Falle möglich ohne die sonst für die vereinfachte Kapitalherabsetzung geltenden Vorschriften des § 183 AktG. über die Auflösung der Rücklagen und des § 186 AktG. über Beschränkung der gesetzlichen Rücklage nach der Durchführung der Kapitalherabsetzung auf 10 v. H. des neuen Grundkapitals.

5. Vgl. auch § 8 UmstVO. mit Erläuterungen.

§ 15.

Nichtigkeit von Hauptversammlungsbeschlüssen. Nichtigkeit der Gesellschaft.

(1) Die im § 196 Abs. 2 des Aktiengesetzes bestimmte Frist von drei Jahren beginnt für Beschlüsse, die vor dem 1. Januar 1939 in das Handelsregister eingetragen wurden, erst mit diesem Zeitpunkt.[1])

(2) Dies gilt sinngemäß für die im § 216 Abs. 3 des Aktiengesetzes bestimmte Frist von fünf Jahren.[2])

1. Nach § 196 Abs. 2 AktG. kann die Nichtigkeit eines Hauptversammlungsbeschlusses nicht mehr geltend gemacht werden, wenn der Beschluß in das Handelsregister eingetragen ist und seitdem drei Jahre verstrichen sind. Die Bestimmung gilt auch für Beschlüsse, die vor dem Inkrafttreten des AktG. für die betreffende Gesellschaft von dieser gefaßt sind, und zwar gleichgültig, ob die Beschlüsse vor oder nach dem Inkrafttreten eingetragen sind. Die Dreijahresfrist des § 196

Abs. 2 AktG. **beginnt** grundsätzlich **mit der Eintragung, wenn** diese **nach** dem **1. Januar 1939 erfolgt ist,** also z. B. auch dann, wenn zu diesem Zeitpunkt für die Gesellschaft nach § 7 Abs. 4 das AktG. überhaupt noch nicht gilt. Andererseits läuft die Frist auch dann erst **vom 1. Januar 1939** ab, wenn etwa **die Eintragung** des Anpassungsbeschlusses **vor diesem Zeitpunkt erfolgt ist,** also das AktG. für die Gesellschaft schon früher in Kraft trat. Über die Frage, welche Beschlüsse heilbar sind, und die Voraussetzungen im einzelnen vgl. die Anm. zu § 196 AktG.

2. Die **Klage auf Nichtigerklärung** der Gesellschaft muß nach § 216 III AktG. binnen fünf Jahren nach Eintragung der Gesellschaft erhoben werden. Diese **Frist** beginnt ebenfalls erst **am 1. Januar 1939,** nicht also, wie man ohne die vorliegende Bestimmung hätte annehmen können, mit dem Zeitpunkt des Inkrafttretens des AktG. bei der betreffenden Gesellschaft.

§ 16.

Verschmelzung.

(1) Die Vorschriften des Aktiengesetzes über die Verschmelzung gelten nicht für Verschmelzungen, bei denen der Beschluß der übertragenden Gesellschaft über die Verschmelzung (Fusion) und, wenn zur Durchführung der Verschmelzung eine Erhöhung des Grundkapitals der übernehmenden Gesellschaft nötig war, auch die Durchführung der Erhöhung am Tage der Verkündung dieser Verordnung bereits in das Handelsregister eingetragen sind.[1])

(2) Für diese Verschmelzung bleibt es bei den bisherigen Vorschriften. Jedoch steht das Recht, Sicherheitsleistung zu verlangen, solchen Gläubigern nicht zu, die im Falle des Konkurses ein Recht auf vorzugsweise Befriedigung aus einer nach gesetzlicher Vorschrift zu ihrem Schutz errichteten und staatlich überwachten Deckungsmasse haben; solche Gläubiger brauchen zur Anmeldung ihrer Ansprüche nicht aufgefordert zu werden.[2])

(3) Im übrigen können Verschmelzungen nicht vorgenommen werden, ehe sich die aufnehmende Gesellschaft nach der Umstellungsverordnung umgestellt hat.[3])

1. Verschmelzungen waren nach **bisherigem Recht** möglich durch Auflösung einer Aktiengesellschaft und Vereinigung derselben mit einer anderen Aktiengesellschaft gemäß Art. 247 AHGB., ferner zwischen einer Aktiengesellschaft und einer G. m. b. H. nach §§ 97 ff. GmbHG. In beiden Fällen ist das Vermögen der aufzulösenden Gesellschaft so lange getrennt zu verwalten, bis die Befriedigung oder Sicherstellung ihrer Gläubiger erfolgt ist. Es hat grundsätzlich eine öffentliche Aufforderung der Gläubiger der aufgelösten Gesellschaft wie

im Falle der Liquidation (Art. 243 AHGB.) zu erfolgen, jedoch kann diese auf einen späteren Zeitpunkt verschoben werden. Die Vereinigung der Vermögen der beiden Gesellschaften ist erst in dem Zeitpunkt zulässig, in dem in Sinne der Bestimmung des Art. 245 AHGB. eine Verteilung des Vermögens der aufgelösten Aktiengesellschaft unter die Aktionäre hätte erfolgen dürfen, also vor allem nach Einhaltung der Sperrfrist, die nach der Kaiserlichen Verordnung vom 21. Juni 1873 (RGBl. 114) drei Monate nach der Bekanntmachung betrug.

2. Diese Bestimmungen gelten unverändert für alle Verschmelzungen, bei denen der Beschluß der übertragenden Gesellschaft über die Verschmelzung bereits am 4. August 1938 in das Handelsregister eingetragen war. Ist eine Kapitalerhöhung bei der übernehmenden Gesellschaft erforderlich gewesen, so muß auch die Durchführung der Kapitalerhöhung, nicht also etwa der Beschluß über die Kapitalerhöhung, bereits am 4. August 1938 im Handelsregister eingetragen gewesen sein. In diesen Fällen gilt insofern eine Besonderheit, als die Bestimmungen des § 241 Abs. 1 AktG., die den Gläubigerschutz für bestimmte Kategorien von Gläubigern einschränken, Anwendung finden, obwohl sonst die Bestimmungen des AktG. auf diese Fusion nicht anwendbar sind (vgl. im einzelnen Anm. zu § 241 AktG.).

3. Um eine Verwischung der Kapitalgrundlage der bestehenden Gesellschaften vor Durchführung der Umstellung zu verhindern, dürfen Verschmelzungen mit solchen Gesellschaften, die sich noch nicht umgestellt haben, nicht vorgenommen werden. Den umgestellten Gesellschaften stehen diejenigen gleich, die einer Umstellung nicht bedürfen, also die des Altreichs, und die unter der Herrschaft des neuen AktG. in Österreich neu gegründeten Gesellschaften.

Nicht erforderlich ist, daß die übertragende Gesellschaft die Umstellung bereits vorgenommen hat. Obwohl die Bestimmung erst mit dem 1. Januar 1939 in Kraft tritt, kommt bereits jetzt eine Verschmelzung unter Außerachtlassung dieser Bestimmung nicht in Frage, da sie der staatlichen Genehmigung bedürfte und diese nicht erteilt wird.

§ 17.

Umwandlungen.

Umwandlungen nach dem Aktiengesetz können frühestens gleichzeitig mit der Umstellung nach der Umstellungsverordnung beschlossen und in das Handelsregister eingetragen werden.[1–4])

1. Nach dem bisherigen Recht kam für Österreich nur die Umwandlung einer Aktiengesellschaft in eine G. m. b. H. und umgekehrt in Frage, und zwar nach §§ 97 ff. bzw. § 50 GmbHG. Für den Beschluß der Aktiengesellschaft gelten die Erfordernisse eines Auflösungsbeschlusses.

2. Obwohl derartige Umwandlungen bis zum 1. Januar 1939, dem Tage des Inkrafttretens dieser Verordnung, nach wie vor zulässig wären, kommen sie praktisch schon jetzt nicht mehr in Frage, da sie der staatlichen Genehmigung bedürften, die versagt wird.

3. Auf Umwandlungen **nach dem Umwandlungsgesetz vom 5. Juli 1934**, das nach § 25 vom 1. Oktober 1938 ab in Österreich gilt, **findet die vorliegende Bestimmung keine Anwendung.**

4. Vgl. auch § 10 UmstVO.

§ 18.

Zulassung ausländischer Aktiengesellschaften.

Ausländische Aktiengesellschaften, die am 1. Januar 1939 einen Gewerbebetrieb im Inland zulässigerweise bereits ausüben, bedürfen keiner Genehmigung nach § 292 des Aktiengesetzes.[1–3])

1. Nach § 292 AktG. bedürfen ausländische Aktiengesellschaften zur Zulassung zum Gewerbebetrieb im Inland der Genehmigung des Reichswirtschaftsministers. Es kommt nicht darauf an, ob die ausländische Aktiengesellschaft eine Zweigniederlassung im Inland errichten will. Ausschlaggebend ist allein die Ausübung des Gewerbebetriebes (vgl. im einzelnen Anm. zu § 292 AktG.). Nach bisherigem österreichischem Recht wurde die Zulassung ausländischer Aktiengesellschaften durch die Kaiserliche Verordnung vom 29. November 1865 (RGBl. 127) geregelt. Jede ausländische Aktiengesellschaft und Kommanditgesellschaft auf Aktien bedurfte zum gewerblichen Betrieb ihrer Geschäfte einer besonderen Zulassung. Diese wurde nur erteilt, wenn gewisse Voraussetzungen erfüllt waren, insbesondere mußte die Gesellschaft für ihren gesamten Geschäftsbetrieb in Österreich eine durch eine oder mehrere Personen bestehende sogenannte Repräsentanz bestellen. Deren Mitglieder waren Organe der Gesellschaft. Die Repräsentanz vertrat die Gesellschaft innerhalb Österreichs gerichtlich und außergerichtlich mit unbeschränkter Vollmacht in allen Angelegenheiten, welche in dem Betrieb der Geschäftsstelle in Österreich ihren Grund hatten. Sie haftete sämtlichen inländischen Gläubigern der Gesellschaft für den Schaden, welcher aus der Unrichtigkeit der von solchen Gesellschaften einzureichenden Spezialbilanz für den Geschäftsbetrieb in Österreich entstanden war, wenn er bei pflichtgemäßer Sorgfalt hätte vermieden werden können. Die Bestimmungen finden keine Anwendung auf die Beteiligung von ausländischen Aktiengesellschaften an inländischen Gesellschaften, selbst wenn diese Gesellschaften nur dazu da sind, um die Geschäfte der ausländischen Gesellschaft gewerbsmäßig zu betreiben.

2. Nach der vorliegenden Bestimmung können Aktiengesellschaften, die nach den alten österreichischen gesetzlichen Bestimmungen am 1. Januar 1939 zugelassen waren **und** — eine weitere Voraussetzung — den Ge-

werbebetrieb zu diesem Zeitpunkt auch bereits ausübten, ohne neue staatliche Genehmigung nach § 292 AktG. ihren Gewerbebetrieb ausüben. Sollte der Gewerbebetrieb nach anderen gesetzlichen Bestimmungen der Genehmigung bedürfen, so wird das Erfordernis einer solchen Genehmigung durch die vorliegende Bestimmung nicht beseitigt.

3. Die bereits vor dem 1. Januar 1939 den Gewerbebetrieb zulässigerweise ausübenden Aktiengesellschaften unterstehen jedoch vom 1. Januar 1939 ab nicht mehr den Bestimmungen der Kaiserlichen Verordnung vom 29. November 1865, denn diese wird nach § 23 aufgehoben. Es bestehen jedoch zwei Ausnahmen:

a) Die Rechtsstellung der nach der am 1. Januar 1939 außer Kraft tretenden Verordnung im Handelsregister eingetragenen Mitglieder von Repräsentanzen ausländischer Gesellschaften bleibt bis zu ihrer Löschung unverändert im bisherigen Umfang bestehen (§ 23 Abs. 2 Satz 2).

Nach § 23 Abs. 2 Satz 1 ist dieser Zustand jedoch zeitlich beschränkt. Es muß bis zum 31. Dezember 1939 die Löschung der Mitglieder der Repräsentanzen beim Handelsregister beantragt werden, andernfalls die Löschung von Amts wegen erfolgt.

b) Für Versicherungsanstalten verbleibt es nach § 24 Abs. 2 in Verb. mit § 23 bei den Vorschriften der Kaiserlichen Verordnung vom 29. November 1865. Für Aktiengesellschaften, die den Betrieb von Versicherungsgesellschaften zum Gegenstand haben, bleiben nach § 24 die Bestimmungen des Versicherungsregulativs und soweit sich dieses auf das Vereinsgesetz beruft, auch dieses weiterhin in Kraft. Die im § 24 Abs. 2 enthaltene Verweisung auf die Vorschriften über die Zulassung ausländischer Versicherungsgesellschaften bezieht sich auf das Gesetz vom 29. März 1873 (RGBl. 42). Danach gelten die jeweiligen gesetzlichen Bestimmungen über die Zulassung auswärtiger Gesellschaften zum inländischen Geschäftsbetrieb auch auf die Zulassung von ausländischen Versicherungsgesellschaften.

§ 19.

Kommanditgesellschaften auf Aktien.

Die Vorschriften dieses Artikels gelten sinngemäß für die Kommanditgesellschaft auf Aktien.

Für Kommanditgesellschaften gelten die Bestimmungen Art. 150—172 AHGB. und für Kommanditgesellschaften auf Aktien insbesondere Art. 173 bis 206 AHGB., ferner die Bestimmungen des Vereinsgesetzes vom 26. November 1852 mit Ausnahme der §§ 9 und 12.

Auch die Kommanditgesellschaften auf Aktien bedurften nach bisherigem Recht zu ihrer Errichtung der staatlichen Genehmigung.

Im Gegensatz zu den Aktiengesellschaften war bei den Kommanditgesellschaften auf Aktien ein Aufsichtsrat zwingend vorgeschrieben.

Die entsprechende Anwendung der Bestimmung dieser Verordnung auf die Kommanditgesellschaft auf Aktien bietet im allgemeinen keine Schwierigkeiten. Zu beachten ist, daß die Hauptversammlung stets nur eine solche der Kommanditisten ist und daß zu den satzungsändernden Beschlüssen, also vor allem zum Anpassungsbeschluß, die Zustimmung sämtlicher persönlich haftender Gesellschafter erforderlich ist. In der Hauptversammlung, die über die Anpassung der Satzungen an das AktG. beschließt, ist auch bei der Kommanditgesellschaft auf Aktien gemäß § 8 ein neuer Aufsichtsrat zu wählen, und zwar auf Grund der neuen Satzungen, so daß die Wahl nur eine bedingte ist. Die Bestellung eines Vorstandes kommt hier naturgemäß nicht in Frage, wohl aber findet § 8 Abs. 3 Anwendung. Auch wenn der bisherige Aufsichtsrat seine Ämter nicht niedergelegt haben sollte, hat das Gericht die Bestellung eines neuen Aufsichtsrats vorzunehmen, wenn nicht vor dem 1. Juli 1939 nach den Bestimmungen des AktG., nach Anpassung der Satzungen an das neue AktG. und unter Berücksichtigung seiner Bestimmungen, ein neuer Aufsichtsrat gewählt ist. Das Gericht hat dann die Bestellung des nach den Bestimmungen des AktG. ernannten Aufsichtsrats im Handelsregister zu vermerken. Dabei ist unter „neuem" Aufsichtsrat nicht zu verstehen, daß unbedingt andere Personen Mitglieder des Aufsichtsrats sein müssen. Es können durchaus die bisherigen Aufsichtsratsmitglieder wiedergewählt beziehungsweise vom Gericht als solche bestellt werden. Es bedarf jedoch dies eines besonderen Aktes mit Rücksicht auf die Bestimmung des § 8 Abs. 3 Satz 2. In entsprechender Anwendung der Bestimmung des § 8 Abs. 4 wird man annehmen müssen, daß das Amt der Mitglieder des bisherigen Aufsichtsrats erlischt, wenn das Amt des neuen Aufsichtsrats beginnt, das heißt also, wenn er entweder nach § 8 Abs. 1 bedingt gewählt und die Bedingung durch Eintragung des Anpassungsbeschlusses im Handelsregister wirksam geworden ist (vgl. im einzelnen § 8 Anm. 2) oder im Augenblick der Eintragung des Vermerks über die Bestellung durch das Gericht nach § 8 Abs. 3.

§ 20.

Aktienvereine.

Aktienvereine, die bisher nicht als Aktiengesellschaften im Sinne des Allgemeinen Handelsgesetzbuchs behandelt wurden, haben mit der Umstellung nach der Umstellungsverordnung ihre Satzung den Vorschriften des Aktiengesetzes anzupassen und ihre Eintragung in das Handelsregister als Aktiengesellschaften zu erwirken. Sind sie am 31. Dezember 1941 nicht eingetragen, so sind sie mit dem Ablauf dieses Tages aufgelöst.[1–3])

1. Nach § 1 b des Kaiserlichen Patents vom 26. November 1852 (RGBl. 253) (Vereinsgesetz) gab es in Österreich bisher neben den Aktiengesellschaften noch Aktienvereine. Auch sie bedurften, ebenso wie die Aktiengesellschaften, zu ihrer Errichtung der staatlichen Genehmigung. Diese Vereine müssen, wenn sie der Auflösung entgehen wollen, drei Dinge tun:

1. Die Satzungen sind den Vorschriften des AktG. anzupassen.
2. Es hat die Umstellung nach der Umstellungsverordnung zu erfolgen.
3. Es muß die Eintragung des Vereins als Aktiengesellschaft im Handelsregister erfolgen.

Für den Anpassungsbeschluß gibt es direkt keine Fristen. Die Bestimmung des § 7 Abs. 1, wonach Aktiengesellschaften vor dem 1. Juli 1939 über die Anpassung zu beschließen haben, gilt für Vereine nicht. Auch über § 8 III kommt diese Frist nicht in Frage, da diese Bestimmung auf Aktienvereine nicht anwendbar ist.

Auch die Frist des § 36 UmstVO., wonach bis zum 31. Dezember 1940 die Umstellung vorgenommen sein muß, gilt hier nicht. Es gilt vielmehr hier ausnahmsweise auch für die Umstellung die in der vorliegenden Bestimmung für die Eintragung als Aktiengesellschaft gesetzte längere Frist bis zum 31. Dezember 1941. Die Umstellung mit der dabei erfolgenden Festsetzung des Grundkapitals und der Einteilung der Aktien setzt eine Aktiengesellschaft voraus. Umstellung und Anpassung sind deshalb in diesem Falle eins; ihre Eintragung geht in der Eintragung als Aktiengesellschaft unter und kann keinesfalls ohne diese erfolgen.

Wird die Frist nicht eingehalten, so ist der Aktienverein mit dem Tage des Ablaufs der Frist aufgelöst. Er tritt in Liquidation.

2. An sich ist die Eintragung des bisherigen Aktienvereins als Aktiengesellschaft auf Grund der vorstehenden Bestimmung die Neueintragung einer Aktiengesellschaft. Man könnte sich deshalb auf den Standpunkt stellen, daß die Bestimmungen des AktG. über Gründung der Gesellschaft (§§ 16—47 AktG.) zur Anwendung zu gelangen hätten. Diese Auffassung würde zu erheblichen Schwierigkeiten führen, da die Bestimmungen für eine bereits bestehende Gesellschaft nicht passen. Es ist auch anzunehmen, daß der Gesetzgeber, der von der Umstellung und Anpassung des Aktienvereins spricht, nicht davon ausging, daß es sich um eine völlige Neugründung im Sinne dieser gesetzlichen Bestimmungen handeln sollte, wenn auch eine Aktiengesellschaft im Sinne des Gesetzes erst mit der Eintragung entsteht. Auf die Anmeldung und Eintragung der Gesellschaft sind die Bestimmungen der §§ 28, 29, 32, 33 AktG. anzuwenden (vgl. im einzelnen die Anm. dort).

3. Bis zur Eintragung des Vereins als Aktiengesellschaft im Handelsregister gelten für die Vereine die Bestimmungen des Vereinsgesetzes vom 26. November 1852 weiter (siehe § 22), da für diese Vereine im Gegensatz zu einer Aktiengesellschaft eine Eintragung des Anpassungsbeschlusses oder die Bestellung eines Aufsichtsrates nach § 8 Abs. 3 vor ihrer Eintragung als Aktiengesellschaft im Handelsregister nicht in Frage kommmt.

Artikel III.

Aufhebung und Änderung von Gesetzen.

§ 21.

Aufhebung von Gesetzen.

(1) Soweit sich aus den übrigen Bestimmungen dieser Verordnung nichts anderes ergibt, treten am 1. Januar 1939 außer Kraft:[1])

1. die Vorschriften des Artikels 18, des Zweiten Abschnitts des Zweiten Titels und des Dritten Titels des Zweiten Buchs des Allgemeinen Handelsgesetzbuches vom 17. Dezember 1862 (RGBl. Nr. 1/1863) sowie die §§ 32, 33 und 35 des Einführungsgesetzes zu diesem Gesetz und die Kaiserliche Verordnung vom 21. Juni 1873 (RGBl. Nr 114),[2])
2. das Bundesgesetz vom 28. Juli 1932 (BGBl. Nr. 213) über die Herabsetzung des Grundkapitals von Aktiengesellschaften (Kommanditgesellschaften auf Aktien),[3])
3. Artikel I des Bankhaftungsgesetzes vom 29. Juli 1924 (BGBl. Nr. 284),[4])
4. Artikel IV des Konzessionsergänzungsgesetzes vom 3. Dezember 1924 (BGBl. Nr. 427),[5])
5. § 14 des Bundesgesetzes über Kassen zur Erfüllung der Pensionsverpflichtungen von Kreditinstituten und Privatversicherungsanstalten (Pensionserfüllungskassen) (BGBl. Nr. 183/1937),[6])
6. die §§ 97 bis 101 des Gesetzes über Gesellschaften mit beschränkter Haftung vom 6. März 1906 (RGBl. Nr. 58).[7])

(2) Soweit in einem Gesetz auf die aufgehobenen Vorschriften verwiesen ist, treten die entsprechenden Vorschriften des Aktiengesetzes an ihre Stelle.

1. Die Bestimmungen, die nach der vorliegenden Vorschrift zur Aufhebung gelangen, treten grundsätzlich dann außer Kraft, wenn für die betreffende Gesellschaft das AktG. vom 30. Januar 1938 in Kraft tritt. Die meisten Bestimmungen treten deshalb nicht zu dem angegebenen Termin vom 1. Januar 1939 außer Kraft, sondern für jede einzelne Gesellschaft zu einem verschiedenen Zeitpunkt, der vor oder nach diesem Termin liegen kann (vgl. die Anm. zu § 1 sowie § 7 Abs. 4 und Anm. 1).

2. Von den Vorschriften des AHGB. treten außer Kraft: Art. 18 über die Firma der Aktiengesellschaft — an seine Stelle tritt § 4 AktG —, ferner die

Art. 173 bis 206, die von der Kommanditgesellschaft auf Aktien handeln, die Art. 207—249 über die Aktiengesellschaften. Aus dem Einführungsgesetz zum AHGB. werden aufgehoben die §§ 32, 33 und 35, die sich mit den Aktiengesellschaften und Kommanditgesellschaften auf Aktien befassen, und zwar insbesondere mit den Fragen des Mindestkapitals und der Mindesteinzahlung.

Die weiter aufgehobene Kaiserliche Verordnung vom 21. Juni 1873 bestimmte in Abänderung des Art. 245 II AHGB., daß im Falle der Auflösung — mit Ausnahme der Auflösung wegen Konkurses — und der Fusion, die Verteilung beziehungsweise Vereinigung des Vermögens bereits drei Monate nach Bekanntmachung erfolgen durfte. Ferner befaßte sie sich mit gebührenrechtlichen Vorschriften.

3. Es handelt sich um die Bestimmungen über die Kapitalherabsetzung in erleichterter Form, die nunmehr durch die Bestimmungen der §§ 182—191 AktG. über die vereinfachte Kapitalherabsetzung ersetzt werden.

4. Das Bankhaftungsgesetz sah im Art. I eine Reihe von Bestimmungen über die Haftung der Vorstandsmitglieder von Bankaktiengesellschaften vor, die nach § 11 größtenteils auch auf alle anderen Aktiengesellschaften Anwendung fanden.

5. Die aufgehobene Bestimmung befaßte sich mit der Verpflichtung des Vorstandes, bei Verlust von mehr als der Hälfte des Grundkapitals Anzeige beim Bundesministerium für Finanzen zu erstatten, sowie mit dem Recht des Bundeskanzleramtes, in Fällen des Vermögensverfalls oder falls der Fortbetrieb von Bankgeschäften für die Aktiengesellschaft den öffentlichen Interessen widerstreitet, die Auflösung der Aktiengesellschaft zu verfügen.

6. Nach dieser Bestimmung waren gewisse Erleichterungen für eine Kapitalherabsetzung gegeben, wenn einer Pensions-, Sterbekasse oder dergl. Werte, die mindestens die Höhe der Kapitalherabsetzung erreichten, zugewendet wurden.

7. Es handelt sich um die Bestimmungen über die Fusion einer Aktiengesellschaft mit einer Gesellschaft mit beschränkter Haftung (vgl. hierzu § 16 Anm. 1).

§ 22.

Staatliche Genehmigung. Vereinsgesetz.

Satzungsänderungen, die der Anpassung an die Vorschriften des Aktiengesetzes dienen, bedürfen der im Allgemeinen Handelsgesetzbuch vom 17. Dezember 1862 (RGBl. Nr. 253) vorgeschriebenen staatlichen Genehmigung auch dann nicht, wenn sie vor dem 1. Januar 1939 beschlossen werden.[1]) Hat eine Aktiengesellschaft, eine Kommanditgesellschaft auf Aktien oder ein Aktienverein die Satzung den Vorschriften des Aktiengesetzes angepaßt oder ist für sie ein Aufsichtsrat nach § 8 Abs. 3 bestellt worden, so sind auf sie die Vorschriften des Vereinsgesetzes vom 26. November 1852 (RGBl. Nr. 253) nicht mehr anzuwenden.[2])

1. Nach Art. 214 AHGB. bedarf jede Satzungsänderung der staatlichen Genehmigung. Infolgedessen würde auch der

Anpassungsbeschluß dieser Genehmigung unterliegen, denn das AktG. tritt nach § 7 Abs. 4 erst mit seiner Eintragung in Kraft. Durch die vorliegende Bestimmung wird jedoch für diesen Anpassungsbeschluß sowie für alle Satzungsänderungen, die der Anpassung der Satzung an die Vorschriften des AktG. dienen, der Genehmigungszwang aufgehoben. Grundsätzlich soll es den Gesellschaften möglich gemacht werden, anläßlich des Anpassungsbeschlusses ihre Satzungen völlig neu zu fassen. Man wird deshalb mit der Auslegung, wann eine Satzungsänderung noch der Anpassung dient, großzügig sein können. Handelt es sich allerdings um Satzungsänderungen, die in keiner Weise etwas mit der Anpassung zu tun haben, z. B. Änderung des Gegenstandes des Unternehmens, so ist hierzu die staatliche Genehmigung erforderlich, sofern der Beschluß vor Eintragung des Anpassungsbeschlusses im Handelsregister ergeht (vgl. § 7 Anm. 6).

2. Die Vorschriften, die sich mit der Aufhebung der Vorschriften des Vereinsgesetzes vom 26. November 1852 befassen, hätten wohl ebensogut in § 21 aufgeführt werden können, denn wenn ausgeführt wird, daß die Vorschriften des Vereinsgesetzes für Aktiengesellschaften und Kommanditgesellschaften auf Aktien von dem Augenblick an nicht mehr gelten, in dem die Satzung den Vorschriften des AktG. angepaßt ist, so wird damit nichts anderes gesagt wie im § 21 für alle dort aufgeführten Gesetze (vgl. dort Anm. 1). Nicht ganz verständlich ist, warum in diesem Zusammenhang nochmals die Aktienvereine genannt sind. Für sie kommt die Anpassung der Satzungen an das AktG. ohne gleichzeitige Umstellung und Eintragung als Aktiengesellschaft ins Handelsregister nicht in Frage (vgl. hierzu Anm. zu § 20). In dem Augenblick, in dem das Vereinsgesetz nach der vorliegenden Bestimmung für sie außer Kraft tritt, sind sie also gar keine Aktienvereine mehr, sondern bereits Aktiengesellschaften.

§ 23.

Verordnung über die Zulassung ausländischer Gesellschaften.

(1) Die Kaiserliche Verordnung vom 29. November 1865 (RGBl. Nr. 127) über die Zulassung ausländischer Aktiengesellschaften und Kommanditgesellschaften auf Aktien, mit Ausschluß der Versicherungsanstalten, zum Geschäftsbetrieb in Österreich tritt am 1. Januar 1939 außer Kraft, soweit ihre Vorschriften nicht nach § 24 Abs. 2 auch weiterhin anzuwenden sind.

(2) Die vor dem 1. Januar 1939 in das Handelsregister eingetragenen Mitglieder von Repräsentanzen ausländischer Aktiengesellschaften oder Kommanditgesellschaften auf Aktien mit Ausnahme der Versicherungsanstalten sind im Handelsregister von Amts wegen zu löschen, wenn um ihre Löschung nicht bis zum 31. Dezember 1939 angesucht wird. Bis zu ihrer

Löschung ist ihre Rechtsstellung nach den Vorschriften der Kaiserlichen Verordnung vom 29. November 1865 (RGBl. Nr. 127) zu beurteilen.

Vgl. Anm. zu § 18.

§ 24.

Versicherungsanstalten.

(1) Für Aktiengesellschaften, die den Betrieb von Versicherungsgeschäften zum Gegenstand haben, bleiben — ohne Rücksicht auf den Zeitpunkt ihrer erstmaligen Eintragung in das Handelsregister — das Versicherungsregulativ (Verordnung vom 7. März 1921, BGBl. Nr. 141) und soweit sich dieses auf das Vereinsgesetz vom 26. November 1852 (RGBl. Nr. 253) beruft, auch die Vorschriften des zuletzt genannten Gesetzes in Geltung.

(2) Die Vorschriften über die Zulassung ausländischer Versicherungsgesellschaften zum Geschäftsbetrieb im Lande Österreich bleiben unberührt.

Für die Versicherungsaktiengesellschaften bleibt das Versicherungsregulativ und soweit sich dieses auf das Vereinsgesetz beruft, auch dieses in Kraft, und zwar ohne Rücksicht darauf, wann die Gesellschaft erstmalig im Handelsregister eingetragen ist.

Es gilt dies also insbesondere auch für Neugründungen.

Über die Bedeutung des Abs. 2 vgl. § 18 Anm. 3.

Abschnitt II.

Umwandlungsgesetz.

§ 25.

Vom 1. Oktober 1938 ab gelten im Lande Österreich das Gesetz über die Umwandlung von Kapitalgesellschaften vom 5. Juli 1934 (Reichsgesetzbl. I S. 569) und seine Durchführungsverordnung vom 14. Dezember 1934 (Reichsgesetzbl. I S. 1262), vom 17. Mai 1935 (Reichsgesetzbl. I S. 721), vom 2. Dezember 1936 (Reichsgesetzbl. I S. 1003) und vom 24. Juni 1937 (Reichsgesetzbl. I S. 661).

Bei der Umwandlung nach dem Umwandlungsgesetz vom 5. Juli 1934 und seinen Durchführungsverordnungen handelt es sich *nicht um die Umwandlung einer Kapitalgesellschaft in eine andere*

Kapitalgesellschaft wie in den Bestimmungen der §§ 257—287 AktG., sondern um die **Umwandlung einer Kapitalgesellschaft in eine Personalgesellschaft** oder um die Übertragung des Vermögens einer Kapitalgesellschaft auf den sogenannten Hauptgesellschafter als Einzelkaufmann (im einzelnen vgl. Kommentare zu diesem Gesetz). Diese Umwandlung kann ohne vorherige Umstellung erfolgen, § 17 gilt nicht (vgl. aber § 10 UmstVO.).

Das **Umwandlungsgesetz** wird, anders als das AktG., einheitlich **zu einem bestimmten Zeitpunkt eingeführt**, nämlich zum **1. Oktober 1938**. Nach der 4. DurchfVO. zum Umwandlungsgesetz vom 24. Juni 1937 kann die Umwandlung bis zum 31. März 1941 beschlossen werden. Die steuerrechtlichen Vorschriften, insbesondere das Gesetz über die Erleichterung bei der Umwandlung und Auflösung von Kapitalgesellschaften vom 5. Juli 1934 und seine Durchführungsverordnung, die inzwischen auch im Altreich außer Kraft getreten sind, werden auch nicht für eine Übergangszeit in Österreich eingeführt. Ob entsprechende Bestimmungen eingeführt werden, ist noch nicht entschieden (vgl. hierzu Friedrich und Herbig, Deutsche Justiz 1938 S. 1298).

Das im Altreich im Zusammenhang mit der Auflösung und Umwandlung von Gesellschaften nicht unwesentliche Löschungsgesetz vom 9. Oktober 1934 (RGBl. I S. 914) ist bis jetzt nicht eingeführt.

Abschnitt III.

Schlußvorschriften.

§ 26.

Südbahn-Gesellschaft.

Artikel 4 Abs. 6 des Abkommens über die administrative und technische Reorganisation des Netzes der Südbahn-Gesellschaft (BGBl. Nr. 546/1923) bleibt unberührt.

§ 27.

Wirtschaftsprüfer.

Der Reichswirtschaftsminister ist ermächtigt, im Einvernehmen mit dem Reichsminister der Justiz die öffentliche Bestellung von Wirtschaftsprüfern und Wirtschaftsprüfungsgesellschaften zu regeln.

Die Bestimmung entspricht der des § 29 EG. z. AktG. Bis jetzt sind Anordnungen für Österreich noch nicht getroffen. Für eine Übergangszeit müssen sich deshalb die Gesellschaften eines Wirtschaftsprüfers aus dem Altreich bedienen.

Auch im Altreich sind bisher neue Bestimmungen auf Grund der Ermächtigung des EG. z. AktG. nicht erlassen worden. Es gelten dort die Bestimmungen der sogenannten Ländervereinbarung aus dem Jahre 1931 (vgl. dazu Anm. 1 zu § 137 AktG.).

§ 28.

Bestimmung der zuständigen Bergbehörde.

Der Reichswirtschaftsminister ist ermächtigt, die zuständige Bergbehörde nach den §§ 251 und 278 des Aktiengesetzes zu bestimmen.

Die Bestimmung entspricht dem § 30 EG. z. AktG. Durch Art. XIII in § 36 der 1. DurchfVO., der nach § 1 auch für Österreich gilt, ist die Landesbergbehörde, die nach Landesbergrecht für die Bestätigung von Satzungen bergrechtlicher Gewerkschaften zuständig ist, auch für die Bestätigung des Fusionsbeschlusses bei der Fusion einer bergrechtlichen Gewerkschaft mit einer Aktiengesellschaft und für die Bestätigung des Umwandlungsbeschlusses einer bergrechtlichen Gewerkschaft in eine Aktiengesellschaft für zuständig erklärt.

§ 29.

Ermächtigung.

Der Reichsminister der Justiz ist ermächtigt, weitere Überleitungsvorschriften zu erlassen; er kann die in dieser Verordnung getroffenen Überleitungsvorschriften ändern oder abweichende Vorschriften treffen. Er kann auch sonst diese Verordnung oder das Aktiengesetz ergänzende Vorschriften erlassen. Von den Vorschriften dieser Verordnung kann er Ausnahmen zulassen.

Die Bestimmung der Sätze 1 und 2 entspricht der Bestimmung des § 32 EG. z. AktG. Um den Übergang zu dem neuen Recht weiter zu erleichtern und Härten auszugleichen, gibt Satz 3 die Möglichkeit, Ausnahmen von dieser Verordnung zuzulassen.

§ 30.

Übertragung von Zuständigkeiten.

Ist in dieser Verordnung oder im Aktiengesetz ein Reichsminister ermächtigt, Ausnahmen zuzulassen oder Genehmigungen zu erteilen, so kann er seine Befugnisse an andere Behörden übertragen.

Die Bestimmung entspricht dem § 31 EG. z. AktG. Bisher hat eine solche Übertragung nicht stattgefunden.

Sachverzeichnis.

Die Zahlen bedeuten die Paragraphen der UmstellungsVO., wenn ihnen U vorgestellt ist, sonst der 2. EinfVO.; die hochgestellten Zahlen verweisen auf die Anmerkungen.

A.

Otto Walter, Buchdruckerei, Berlin SW 68

FSC
www.fsc.org
MIX
Papier | Fördert
gute Waldnutzung
FSC® C083411

Kolibri 360 GmbH
Ferdinand-Jühlke-Straße 7
99095 Erfurt, Deutschland
produktsicherheit@kolibri360.de